$L_b \frac{49}{89}.$

PROCÈS

DE

L'AMI DE LA CHARTE,

DU PUY-DE-DOME,

DEVANT LA COUR ROYALE DE RIOM,

COMPOSÉE DE LA PREMIÈRE CHAMBRE CIVILE ET LA CHAMBRE CORRECTIONNELLE RÉUNIES,

SOUS LA PRÉSIDENCE DE M. LE BARON GRENIER.

CLERMONT,

DE L'IMPRIMERIE D'AUGUSTE VEYSSET,

LIBRAIRE, RUE DE LA TREILLE.

DÉCEMBRE 1824.

PROCÈS DE L'AMI DE LA CHARTE.

Séance du 13 décembre 1824.

L'AFFAIRE de l'*Ami de la Charte* appelée, la Cour a ordonné la lecture de toutes les pièces qui y étaient relatives. M. Préveraud de la Boutresse, conseiller rapporteur, a exposé avec clarté et impartialité la discussion dont la Cour avait à s'occuper. Venant à l'examen des moyens que l'accusation et la défense avaient fait valoir devant les premiers juges, il les a habilement caractérisés en peu de mots. Il a d'abord rendu hommage à la saine logique de M. le procureur du roi près le tribunal de Clermont, et à l'élégante concision de son style.

M. le rapporteur a parlé aussi avec éloge de la plaidoirie du défenseur, qui avait été distribuée à chacun des juges dans la cause. En reconnaissant dans cet écrit le mérite d'une plume exercée, M. de la Boutresse s'est plu à louer dans le discours du jeune débutant le ton de mesure et d'urbanité, avec lequel il avait traité les questions les plus délicates; il a ajouté que, tout en laissant percer les préventions de l'esprit de parti, il n'avait parlé de la royauté et de la religion que dans les termes les plus respectueux et les plus convenables.

Le rapport terminé, Me Bayle, défenseur du sieur Andrieu, a pris la parole en ces termes :

MESSIEURS,

Voué par goût et par devoir à l'exercice d'une profession aussi pénible qu'honorable, j'ai dû réfléchir sur les liens qui attachent le citoyen au trône et à la société, et sur les devoirs que lui inspirent la fidélité due au Roi et l'amour de la patrie.

Je me suis bientôt convaincu que les prérogatives de la couronne, loin d'exclure les droits des citoyens, les prenaient au contraire sous leur sauvegarde, leur servaient de soutien et d'appui, de telle sorte que les intérêts de la royauté et du pays sont devenus les véritables fondemens de la monarchie constitutionnelle; de là pour moi cette idée que le plus strict observateur de notre loi fondamentale doit être aussi le sujet le plus fidèle de S. M.

Cependant quelques-uns ont tenté de désunir ce qui doit être inséparable: bientôt des nuances d'opinions, des prétentions diverses, des controverses où les uns accordent plus au pouvoir qu'au pays, ont fait naître cette opposition que le ministère peut trouver inquiétante, mais que tout Français de bonne foi peut avouer, puisqu'elle n'a pour objet, par une discussion sage et modérée, que de nous maintenir ou nous ramener dans les voies constitutionnelles, d'où les passions et les fautes du pouvoir peuvent si facilement nous écarter.

C'est un Journal de cette opposition constitutionnelle que M. le Procureur général traduit aujourd'hui devant vous.

Ce Journal a été attaqué avec aigreur; ses doctrines ont été blâmées sans ménagement; l'expression de *misérable!* est venue se placer sous la plume d'ailleurs pure et élégante d'un magistrat justement estimé : cette épithète qui ne pouvait s'appliquer qu'à l'esprit du Journal était-elle méritée?

C'est moi, MM., qui ait été appelé à l'honneur de le défendre, et c'est avec les principes de cette opposition légale, éclairée et courageuse que je remplirai ce devoir.

Mes citations seront tirées de la Charte et de la loi; et si les conséquences qui en découlent préparent le triomphe de mon client, ce succès sera d'autant plus doux pour moi que j'aurai la conviction que votre arrêt est un nouvel hommage rendu aux vrais principes de la monarchie constitutionnelle.

Le plan de ma défense doit être simple :

Examiner les circonstances dans lesquelles l'article incriminé a été rédigé, vous pénétrer de ses antécédents, vous faire saisir tout son ensemble, tel est l'objet de l'exposé qui doit précéder la discussion.

Cette discussion vous fera connaître, d'abord, à quels passages de l'article la poursuite doit être restreinte.

J'examinerai ensuite les quatre délits qui nous sont reprochés, et sur chacun d'eux j'exposerai les principes applicables au sujet.

Telle est la tâche que je me suis imposée, et que je vais essayer de remplir.

L'existence de l'*Ami de la Charte* remonte à six années; et, pendant ce laps de temps, il n'a éprouvé aucune condamnation, n'a donné lieu à aucune poursuite. L'opposition, dont il s'est constitué l'un des organes, a toujours été sage et modérée. Il s'est livré à l'examen et à l'appréciation des actes de l'administration, ainsi que la Charte lui en donnait le droit, mais il s'est toujours abstenu d'expressions qui auraient pu blesser la décence ou offenser les personnes.

Ce Journal existait avec toutes ces garanties d'ordre et de moralité, lorsqu'un éditeur, étranger, il est vrai, à la rédaction du Journal, fut légalement institué responsable de tous les articles insérés dans la Feuille précitée.

Quel est cet éditeur? un ancien soldat, parvenu, par sa seule bravoure, au grade de capitaine. Et quel a été le prix des fatigues qu'il a essuyées pendant plus de vingt années de guerre, et du sang qu'il a versé pour la patrie? une blessure grave et 450 fr. de retraite.

Étranger aux difficultés de la science politique, hors d'état d'apprécier la nuance presque imperceptible qui sépare ce qui est défendu de ce qui est permis, il a accepté cette responsabilité parce que, jusqu'à ce jour, l'existence du Journal avait été assurée *sans poursuite*, et parce qu'en outre il se confiait à la sagesse connue de ses rédacteurs.

Qu'arrive-t-il cependant?

La censure est momentanément établie : le rédacteur principal croit pouvoir s'éloigner; aucun danger n'était à craindre; la censure devait se montrer plus exigeante que lui-même.

Cependant l'arrêt de la destinée préparait à l'histoire l'examen d'un règne déjà écoulé, et à la France le deuil et les regrets qui accompagnent toujours nos rois dans la tombe, en même temps qu'il lui léguait les espérances que fait naître un nouveau règne.

Déjà des journaux d'opinions contraires avaient manifesté leur opposition contre le ministère actuel, et ceux qui l'avaient précédé.

Plusieurs de leurs actes avaient été vivement censurés. Leur tendance à céder à l'impulsion de l'aristocratie, à seconder les prétentions du pouvoir sacerdotal avait été signalée ; de sorte qu'à la mort de Louis XVIII, de glorieuse mémoire, tous suivant leurs idées ou leurs intérêts, désiraient des améliorations dans le système de gouvernement suivi jusqu'alors ; améliorations qui ne pouvaient s'opérer que par le changement du ministère.

Ainsi, pendant que Charles X rappelant à la France les vertus, la franchise, et l'aimable abandon *de ce roi dont le peuple a gardé la mémoire*, n'avait qu'à se montrer pour entraîner tous les cœurs après lui, l'opposition à son tour cherchait à fixer l'attention du Monarque sur ses *opinions*, ses *doctrines* et ses *intérêts*, qu'elle croyait plus conformes à l'esprit de la Charte, que ceux qui avaient prévalu jusque-là.

L'exercice de ce droit était légal, surtout après l'abolition de la censure, qui apprenait qu'avant de s'arrêter à un système positif et à une marche définitivement adoptée, le nouveau Monarque voulait être éclairé sur le bien ou le mal, et même sur les abus du règne précédent. Cette pensée était celle d'un grand prince, et, s'il est vrai que l'histoire soit la leçon des rois, avec quel empressement Charles X ne devait-il pas accueillir tout ce qui se rattachait au règne de son auguste frère, qui, le premier et le seul, a appelé son peuple à jouir des bienfaits de la monarchie représentative, et de la libéralité d'un pouvoir soumis aux lois.

Cet appel à l'opinion ne fut pas infructueux. Elle répondit par son respect et sa reconnaissance pour l'auguste auteur de la Charte, et par son amour et sa confiance dans la personne de son successeur.

Mais des abus ne s'étaient ils pas glissés dans l'administration antérieure à l'avénement de Charles X? La volonté royale de son prédécesseur avait-elle été toujours constitutionnellement exprimée? a-t-elle toujours été fidèlement exécutée?

L'opposition répond et a droit de répondre négativement à cette question.

Le 16 septembre Louis XVIII est décédé; le 29 du même mois la censure est abolie.

Le *Constitutionnel*, du 2 octobre, accuse les ministres d'avoir introduit « tous les genres de fraude dans le gouvernement repré-
» sentatif, d'avoir attaqué l'indépendance des électeurs par les me-
» naces de perdre et par l'espoir d'obtenir, d'avoir cherché à dé-
» goûter la nation de l'exercice de ses droits, d'avoir voulu dé-
» truire les organes de l'opinion publique en avilissant les écrivains
» qu'il ne rougissait pas d'acheter; et, en établissant la cen-
» sure, pour faire taire ceux qu'on n'avait pu corrompre! »

Le même journal, dans son n° du 4 octobre, appelle le ministère actuel « *corrupteur, petit et vaniteux*. » Le rédacteur s'écrie : On veut que nous qualifions de *national* « le ministère qui, depuis
» trois années, a menacé, compromis toutes les existences, qui a
» étendu sur toute la France son système de duplicité et de cor-
» ruption, qui a persécuté toutes les opinions, destitué tout le
» monde, qui a voulu imposer ses lois et ses croyances aux cons-
» ciences, qui frappe le fils pour menacer le père, qui flétrit, ban-
» nit, charge de fers des hommes nés Français, sans jugement
» légal, attache les écrivains aux mains des galériens. Et quelle
» est sa défense contre ces reproches si franchement articulés! Aux
» uns il dit : Vous êtes des révolutionnaires; aux autres . Vous
» êtes des intérêts individuels soulevés. »

Le 3 octobre, le rédacteur rappelle le fameux considérant de l'ordonnance de censure fondé sur une *calomnie ministérielle*.

Le *Journal des Débats*, dont les sentimens vous sont connus, et dans lequel un noble pair dépose ses opinions monarchiques, dit que « le ministère est privé, par l'avénement de notre nouveau
» Roi, de tout ce qui faisait naguère le principe même de son
» existence politique. »

« *Censurer, destituer, corrompre*, toute sa politique se réduisait
» à ces trois mots. »

Ailleurs le même Journal s'exprime ainsi : « Ce qui est funeste,
» c'est d'avoir, comme dans les *élections*, comme dans le *marché
» Ouvrard*, corrompu une foule d'hommes restés purs jusqu'à ce
» moment, d'avoir tout dégradé, tout avili.

» Les ministres sont réduits à la violence pour faire taire
» *l'opinion qui les repousse*, à la *corruption* pour remplacer la
» confiance qu'ils ont perdue. »

A cette époque, les feuilles de l'opposition constitutionnelle avaient également signalé la tendance de l'aristocratie, qui n'est autre chose que l'envahissement de certains intérêts, un élément social dont le développement peut briser la forme du gouvernement établi.

Le clergé avait aussi été représenté comme cherchant toujours à s'immiscer dans le gouvernement temporel des états.

Les efforts de nos rois les plus pieux et de nos magistrats les plus célèbres l'attestent.

Les prêtres formaient autrefois un ordre dans l'Etat, aujourd'hui ils sont de simples ministres de l'Evangile.

Une secte mystique voudrait substituer l'ancien ordre de choses au nouveau, et reconstruire le pouvoir absolu sous la protection de la cour de Rome.

Consultez le *Livre du Pape*, de M. de Maistre, et vous y verrez la prééminence de la thiare sur la couronne clairement établie.

Les libertés de l'église gallicane y sont attaquées sans nul ménagement. M. de Lamennais et ses amis, professent ouvertement les mêmes doctrines, et, enfin, la Lettre pastorale de Mgr l'archevêque de Toulouse, Lettre dont la suppression a été ordonnée par le conseil-d'état, comme renfermant des propositions contraires au droit public, aux lois du royaume, aux prérogatives et à l'indépendance de la couronne, ne laisse aucun doute sur ce point.

Voilà quelle était la position des choses à la mort de Louis XVIII.

A son avénement, Charles X veut consulter l'opinion publique. Tous les journaux avaient répondu à cet appel, lorsqu'une lettre, en date du 12 octobre, parvient aux bureaux de *l'Ami de la Charte*.

Saisissons, s'il se peut, la pensée de l'auteur. Il prévient « qu'il n'est point initié au secret des affaires, et qu'il n'est que simple spectateur. »

Il se place entre le règne qui finit et celui qui commence, et indique que nous sommes à une époque de *mouvement*, d'*attente* et de *curiosité*.

Le système suivi jusqu'alors lui paraît vicieux. « Presque tous « les ministères qui se sont succédés depuis dix ans ont voulu « faire prendre le change sur les véritables intérêts de la nation.

« Ils n'ont pu y parvenir. La lumière a pénétré. » Jusqu'ici ce n'est que de l'histoire. L'écrivain ne parle que d'un règne passé; il arrive enfin au règne actuel : « Aujourd'hui un homme franc prend les rênes de l'état. »

L'auteur veut donner à ce règne la physionomie qui lui appartient, les traits qui doivent le mieux le caractériser.

« Les actes du nouveau Roi sont au grand jour. »

Il dit au peuple : « Regardez-moi, je règne pour vous. » Que fera le peuple ?

« Il s'avance en hésitant.

» Il voit moins de gendarmes, les sabres sont dans les fourreaux, les hallebardes sont suspendues *par une voix auguste* : il se livre à la joie ! »

Ajoutons que la franchise du Roi, et ce loyal abandon, si propre à attirer des cœurs français, produisent spontanément tout leur effet.

Le Roi marche, pressé par le peuple dont il est chéri ; ses acclamations l'accompagnent, et *l'homme franc* voit, à l'aurore de son règne, ses sujets réunis ajouter à son nom la douce épithète de *Bien-aimé*, que lui conservera la postérité.

L'auteur considère ensuite l'état moral des choses : la pensée prédominante reparaît.

C'est « un roi dont les premiers actes sont empreints de franchise et de modération. »

« C'est un peuple confiant et plein d'espérance. » Heureux accord ! Qui pourra le troubler ?

« Un ministère détesté...., qui a trompé ou avili le peuple...., et qui est jugé par une opinion éclairée et souveraine. »

Jusque-là, on ne trouve qu'une seule pensée, savoir, que le ministère ou les ministères du règne passé sont la cause de tous les maux, et que Charles X est personnellement l'auteur de tous les biens présens et l'espérance de l'avenir.

Des masses, l'auteur descend aux détails.

Des vices qui s'attachent malheureusement à tous les gouvernemens, et plus spécialement encore à ceux qui seraient produits par un ministère peu clairvoyant, « viennent attrister son esprit. » « L'espérance peut *à peine* se soutenir ; l'aspect du mal affaisse l'âme. « *Il semble* qu'un génie surnaturel pourrait seul ordonner ce chaos. »

Mais bientôt la sécurité renaît : le doute cesse. Le Roi reparaît et la lumière doit naître, si Dieu lui inspire de grandes et de fortes mesures.

Mais comment serait-il entouré dans l'esprit de l'auteur ?

D'un côté, c'est la nation, cette nation généreuse, si reconnaissante des bienfaits qu'elle tient de son Roi législateur ; cette nation aujourd'hui toute constitutionnelle, si avide d'institutions, si éclairée sur ses véritables intérêts inséparables de l'autorité de ses rois ; cette nation si amie de la véritable gloire, qui, rassasiée de l'illustration militaire, n'aspire désormais qu'à saisir et conserver le sceptre des arts, des sciences, des découvertes utiles, et à mériter, en les répandant, l'admiration et la reconnaissance de ses voisins et de la postérité ; cette nation enfin, qui ne peut trouver le bonheur que dans la liberté que ses ennemis s'efforcent en vain de confondre avec la licence, mais qu'elle sait bien ne pouvoir exister qu'avec la raison et sous l'égide des lois.

De l'autre côté, ce sont des *ministres*, des *courtisans* et des *flatteurs* ; ce ne sont point les hommes du règne qui commence ; la franchise du Roi paraît les exclure. Mais sur qui s'appuiera-t-il sur la nation.

Où cherchera-t-il, en effet, les soutiens de la monarchie constitutionnelle ? Qui l'aidera à conserver intact ce précieux dépôt qui a été confié par des mains augustes, à la fidélité des chambres, des tribunaux, de l'armée et des gardes nationales?

Sera-ce le ministère du règne passé?....... Mais ses actes sont jugés..... Les journaux de toutes les opinions en ont fait justice.... Ils sont contraires à la lettre et à l'esprit de la Charte; ils dénaturent la volonté royale.

L'auteur les qualifie comme les journaux de Paris les avaient déjà qualifiés ; il ne croit répéter que le cri public, lorsque s'adressant aux ministres, il s'écrie : *qu'ils se retirent!*

Le Roi se confiera-t-il à l'aristocratie, c'est-à-dire, à cette tendance de certaines supériorités sociales qui voudraient concentrer les bienfaits de la Charte dans quelques mains, de manière à ce qu'elle devienne le patrimoine de la fortune ou de tout autre privilége?

Mais alors la pensée du roi-législateur est faussée. Les garanties qui forment notre droit public n'existent plus. Nous avons tout à craindre pour notre régime municipal; les seigneuries, les gouvernemens, les intendans pourraient renaître sous une autre dénomination.

Sera-ce de l'armée dont le Roi fera le principal appui de son autorité ? « Mais la liberté et la raison valent mieux. »

Enfin l'auteur de l'article s'interroge sur le clergé : il parle de ses doctrines, elles sont publiques.

« Il est dans la voie des envahissemens (la lettre pastorale de Mgr l'archevêque de Toulouse le prouve), qu'on le laisse faire, *il grandira.* »

C'est l'histoire de tous les siècles, de toutes les monarchies, de tous les peuples, de tous les gouvernemens.

L'auteur examine ensuite ce que peuvent faire contre tous ces maux les amis de la liberté.

« Ils doivent être vertueux, conséquens avec les principes qu'ils
» ont émis, défians envers leurs anciens ennemis, et réservés
» dans leurs louanges. »

Ne sont-ce pas les caractères d'une opposition légale, juste, respectueuse et modérée?

Dans ce coup-d'œil, jeté sur le chaos politique, il fallait bien se fixer sur les *faiseurs*, sur *ceux qui s'agitent*, *négocient*, etc. L'auteur en découvre dans tous les rangs, dans tous les ordres, dans toutes les classes de la société. — Il en forme une classe composée de costumes et d'habits différens, laissant à l'œil de l'observateur exercé le soin de reconnaître ces intrigans dans les classes sociales auxquelles ils appartiennent.

La pensée de l'auteur est une vérité de tous les temps. Il n'est que trop vrai que l'intrigue se glisse partout, qu'elle avilit également l'homme né dans les classes les plus élevées, et celui qui, pour parvenir à son but, trouve au moins dans son néant et dans la faiblesse de ses moyens l'excuse de ceux qu'il emploie pour sortir de la foule.

Ici l'article paraissait terminé, mais un événement remarquable était venu ajouter à la douleur que devaient éprouver tous les vrais amis du Roi et de la monarchie.

Le clergé de Paris n'avait point accompagné les dépouilles mortelles de Sa Majesté au tombeau de ses ancêtres; il ne faisait point partie de cette famille réunie pour pleurer son père et son bienfaiteur.

Quel motif pouvait l'arrêter, quand il s'agissait de remplir le plus sacré des devoirs? était-ce une question de préséance? Mais la Charte ne reconnaît point le clergé comme ordre, et si le clergé voulait exercer un droit tenant à la prééminence de la hiérarchie ecclésiastique, ne devait-il pas l'abandonner et en faire le sacrifice sur le tombeau de son Souvrain, de son Roi légitime?

Était-ce une erreur? Combien elle a été fatale? combien de consciences elle a contristées, les cœurs fidèles en ont gémi. La noble résignation de S. M., sa fervente piété, sa courageuse fermeté à supporter sa douleur paraissaient exiger, de la part du clergé de Paris, plus de condescendance et de respect.

L'esprit français ne se fixe pas long-temps sur ce que les choses présentent de sérieux : habile à saisir les ridicules, il cache quelquefois les vérités les plus sérieuses, sous le voile d'une fiction revêtue d'une ironie piquante.

C'est une de ces fictions que l'auteur transmet comme simple spectateur et sans l'apprécier autrement.

Toutefois, il ne parle du Roi qu'avec le respect qui lui est dû :

C'est la résidence *auguste* de nos princes.

C'est le corps de ce nouvel *Achille* de fermeté, de courage et de résignation, qui a donné lieu aux scènes qu'il dépeint!

Enfin, il faut en venir à cette Babylone moderne, à ce Paris qui a exercé la plume de tant de peintres de mœurs, et aiguisé les traits de tant d'écrivains satyriques.

L'auteur, *en approuvant la sincérité des regrets qu'une mort récente a dû occasionner dans les âmes honnêtes*, s'étonne de voir partout des vêtemens de deuil; il attribue ce faste à *l'intérêt personnel, ou à la vanité, au ton, ou à l'espoir de profit.*

Et, après avoir énuméré les individus de différentes classes qui devaient le moins se parer des signes extérieurs du deuil, se créant quelques contrastes, il blâme l'étrange mobilité de ce peuple, que la mode, la vanité ou l'intérêt font passer successivement des excès d'une joie délirante, à la démonstration d'une douleur trop fastueuse pour être sincere et durable.

Après cet exposé qui embrasse toute la cause, Me Bayle entre dans la discussion de tous les passages incriminés, et établit les principes qui leur sont applicables, avec cette force de dialectique qui le distingue. Nous regrettons que les limites que nous avons dû imposer à cette relation, nous empêchent de rapporter cette partie de la discussion entièrement improvisée.

L'orateur termine en rappelant que, pour le fait de l'insertion de la seconde Lettre de Mgr de Clermont-Tonnerre, dans *la Quotidienne*, et dans laquelle il soutenait les propositions émises dans son épître pastorale, l'éditeur de ce journal n'avait été condamné qu'à trente francs d'amende.

Il fait remarquer la différence qui existe entre les produits d'un Journal de la capitale et d'une Feuille de province, et démontre qu'une amende trop forte équivaudrait à une confiscation.

Que ferez-vous, ajoute le défenseur? Au moment où la censure vient d'être abolie, au moment où le Roi a droit et intérêt de connaître l'opinion publique, frapperez-vous de mort un Journal de l'opposition, qui fut toujours modéré dans ses opinions, et réservé dans ses expressions! vous arrêterez-vous à une mesure aussi rigoureuse, lorsque toutes les circonstances tendent à nous justifier, lorsque l'article incriminé ne présente aucune pensée coupable; lorsque la personne du Roi, ses prérogatives y sont constamment respectées; lorsque la religion et la morale publique n'y ont reçu aucune atteinte; et alors même qu'il serait vrai que quelques expressions dures ou incorrectes auraient blessé quelques amours propres, serait-ce une raison pour frapper sans aucun ménagement?

Le Roi, la Charte, les institutions sont sans cesse présens à la pensée de l'opposition éclairée, désintéressée et courageuse.

La monarchie constitutionnelle ne saurait avoir trop de défenseurs; ne les découragez pas: et si, dans son zèle indiscret, l'ami de son pays et de son roi, calculant peu ses forces, blessait quelques hommes revêtus de la puissance, *si une goutte de venin lancé par un petit dard, rendait un peu amère la coupe du pouvoir, si un sifflement maigre et discordant venait* se mêler au doux concert d'éloges qui entoure et caresse toujours l'oreille des grands, faudrait-il s'armer de la massue d'Hercule pour écraser un ennemi aussi faible et aussi peu dangereux?

M. Pagès, procureur-général, s'exprime en ces termes:

Messieurs,

Nous avions espéré, jusqu'à ce jour, que notre ministère ne serait jamais dans la nécessité de vous dénoncer un journal de ce département. Les discussions de ce genre nous semblaient réservées aux tribunaux de la capitale.

Nous habitons une contrée agricole et paisible. Nos citoyens s'occupent peu en général de politique; ils sont animés d'un bon esprit, et se distinguent par leur attachement à la monarchie, leur amour, leur fidélité envers le Roi légitime.

Vous l'avez vu, Messieurs, par l'empressement du peuple, lorsqu'il accourait se prosterner dans nos temples, pour demander au Roi des Rois la conservation d'un monarque de glorieuse mémoire, le pacificateur de l'Europe, le père de ses sujets.

La providence en a autrement disposé; mais par un heureux effet de la légitimité, les Rois ne meurent point en France. L'illustre successeur de Louis XVIII est venu, par le droit de sa naissance, s'asseoir sur le trône de ses ancêtres.

Après l'éloge de notre nouveau Monarque, le ministère public se demande :

Qu'est-ce que l'*Ami de la Charte?* une trompette aigre et fêlée, qui ne sonne que dans le desert, et a été enfantée par l'esprit de parti.

Douze actionnaires imaginent qu'il est essentiel que le département ait un journal de l'opposition; ils ne sont pas arrêtés par le prix du cautionnement; leur fortune leur permet ce sacrifice, et le journal paraît.

Dans le principe, un journal de département n'avait d'utilité que comme feuille d'annonces ; son institution n'avait d'autre but que de faire connaître les actes importans de la société, dont la publicité est nécessaire, comme les séparations entre époux, les interdictions, les donations entre-vifs, et autres de même nature.

Mais comment s'en tenir à cette nomenclature aride; on veut exciter la curiosité des oisifs beaucoup trop nombreux, insérer des articles sur la politique qui ne sont pas prématurés on les publie d'après les journaux de la capitale, que nous recevons avec profusion ; ils ne paraissent que lorsque personne ne les ignore.

L'*Ami de la Charte* a voulu quelquefois renchérir sur les journaux de l'opposition. Il fallait intéresser à tout prix la malignité de ses lecteurs; il avait été même remarqué par l'autorité, à raison de son mauvais esprit : il y avait ordre de le surveiller, et le journaliste ne l'ignorait pas. Aussi, depuis, toute son adresse consistait à ne pas insérer les articles incriminés par la police de la capitale; mais il réunissait avec soin tout ce qui avait échappé à cette investigation, tout ce qu'il y avait de plus despectueux, de plus piquant, et que l'autorité avait méprisé.

Le public n'en était pas moins indifférent ; le nombre des abonnés se renfermait dans un cercle très-étroit. Les dépenses excédaient les recettes; des rédacteurs disséminés, dépourvus de talens, même pour le mal, lassaient les lecteurs très-rares : on cherche un rédacteur unique; on s'adresse au *Courier Français*, qui expédie par la diligence un de ses jeunes collaborateurs, avec la condition qu'on lui fera un traitement raisonnable : on lui assure 1,500 francs par an. Mais le coup était porté, le nombre des abonnés ne grossit pas; les actionnaires se lassent. On se débarrasse sur le nouveau rédacteur ; il devient exclusivement l'éditeur du journal, avec toute la responsabilité qu'il entraine; les actionnaires ne conservent plus que la charge du cautionnement : tel est l'état des choses.

Mais malgré le zèle et les efforts du rédacteur, il n'est pas parvenu à fixer l'attention: la malignité et le sarcasme s'épuisent. Pour intéresser, on avait annoncé des recherches historiques sur notre province; il n'est pas de contrée où les phénomènes de la nature soient plus en évidence ; ils présentent des alimens continuels à l'antiquaire, au naturaliste, au chimiste. L'histoire de ces Arvernats fameux, dont César ne peut s'empêcher de vanter le courage, et qui eurent la gloire de le vaincre, aurait inspiré le plus vif intérêt ; mais tout s'est borné à des rêves ridicules. C'est sur la crête de Mont-Roignon, au pied des restes de l'ancien château des dauphins d'Auvergne, que, dans son rêve, il voit arriver la damoiselle nouvellement mariée au damoiseau châtelain ; on veut lui donner, après son dîner de noces, un joyeux *ébattement*; on la mène dans la cour du castel, pour voir pendre un serf attaché à la glèbe. De là des réflexions sur les abus de la féodalité, la tyrannie des seigneurs, et la servitude des vassaux.

Ce n'était cependant pas en Auvergne qu'on devait avoir des rêves aussi fâcheux. Nous étions en pays de franc-aleu. Nos plus anciens monumens historiques attestent que la maxime *nul seigneur sans titre* était la seule admise ; et si on en excepte une très-petite partie de la province, notamment de la Combraille, limitrophe de la Marche, qui en fait aujourd'hui partie, nous ne connaissions pas de main-morte personnelle; nous n'avions que des redevances réelles. Le château de Mont-Roignon, *Montis Rugosi*, n'offrait aucuns souvenirs de ce genre. Bâti dans le onzième siècle par le premier dauphin d'Auvergne, on trouve dans Baluze les contrats d'acquisition du terrain, on y voit que le dauphin fut contraint d'acquérir plusieurs chaumières qui le gênaient dans ses constructions, et que les propriétaires ne voulurent les lui céder qu'à condition qu'il leur donnerait décharge des cens qu'ils lui devaient pour sa terre de Clémensac.

N'importe : on croyait avoir lancé un trait piquant, bien acéré, contre les ci-devant seigneurs ; mais ce rêve si fâcheux n'a pas été trouvé plaisant, n'a intéressé personne, et alors le rédacteur n'a plus rêvé.

Il fallait donc réveiller l'attention ; et dans ce moment de bonheur et d'ivresse, où tous les cœurs volaient au devant du monarque bien-aimé, le rédacteur a rempli les deux colonnes de son n° 83 *recto*, d'une correspondance datée de Paris, correspondance sans doute fantastique : on sait que les journalistes de ce genre s'écrivent souvent pour avoir le plaisir de se répondre.

Ici, M. le Procureur-général arrive à l'article incriminé, et dit que le rédacteur ordinaire a cherché à s'excuser par son absence :

Regrets tardifs, mais bientôt rétractés par la plaidoirie, qui n'a pas été l'ouvrage d'un seul : un acolyte officieux est venu lui prêter son secours par une discussion que le rédacteur considère comme lumineuse, et le fruit d'un *beau talent* venu à son secours.

M. le Procureur-général arrive à l'analyse de l'article. Tout en faisant grâce du préambule, qui, dit-il, est d'une indécence révoltante, il trouve le délit d'offense, envers la personne du Roi, dans ces mots : *Aujourd'hui un homme franc prend les rênes de l'Etat.* Cette locution, très-familière, ajoute M. le Procureur-général, renferme la plus grossière injure. Cette pensée, *le peuple s'avance en hésitant*, frise de bien près certaine répugnance.

Et c'est sans doute le modèle que choisit *l'Ami de la Charte*, car bientôt il parle des gendarmes ; et c'est encore le ton à la mode, de déclamer contre cette arme si utile, qui rend tous les jours des services essentiels à la monarchie, et veille sans cesse à la sûreté publique. Aussi, quand on entend déclamer contre la gendarmerie, on connoît l'opinion de celui qui s'exprime.

« La lumière a pénétré à travers les crevasses, a inondé cet antre ministériel, » cloaque d'abus et de passions sordides. Un peuple confiant et plein d'espé-» rance, toujours trompé ou avili, voilà en peu de mots l'état moral des choses » d'aujourd'hui. »

Ainsi s'exprime le correspondant de *l'Ami de la Charte* ; et ce tableau moral ne serait pas rassurant. Heureusement il ne peut pas dire : *Ego sum pictor*. Son tableau n'est qu'une détestable croûte, faite pour être jetée dans un égout.

Après son tableau dit moral, le premier conseil que le correspondant donne au Roi, car il entre aussi dans le conseil des Rois, et s'écrie : « Qu'il s'appuie sur la nation ! » Mais Messieurs, qu'entend-on par *nation* ? Ce mot ainsi généralisé exprime un corps moral, qui se compose de tous les habitans régis par les mêmes lois, soumis au même Gouvernement.

Ce corps moral ne peut agir par lui-même ; il a ses délégués ; la Chambre élective et la Chambre héréditaire, qui veillent à la conservation des droits et des intérêts de tous : elles discutent la loi proposée, examinent si elle est nécessaire, utile, si on peut la considérer comme l'expression de la volonté générale ; et non-seulement le Monarque s'appuie sur ces délégués, mais ils font partie essentielle et intégrante de la monarchie; ils sont des pouvoirs constitués, sans lesquels ou ne peut avoir un gouvernement représentatif.

Aussi n'est-ce pas ces pouvoirs dont entend parler le correspondant. Dans l'argot révolutionnaire, la nation c'est *le peuple*; c'est cette multitude féroce, qui se meut en aveugle, toujours dirigée par quelques scélérats hardis et ambitieux, qui se cachent, et ne paraissent que lorsque le désordre est à son comble, qu'ils peuvent sans danger, en profiter pour usurper les pouvoirs.

La preuve qu'il n'y a pas d'équivoque chez le correspondant, c'est que bientôt, suivant lui, troisième paragraphe de la seconde colonne, on doit agir *par le peuple* et pour le peuple.

Agir *par le peuple*! maxime funeste, sacrilége, désorganisatrice. Eh! Messieurs, c'est en agissant *par le peuple*, qu'a eu lieu la journée du 10 août, où le palais des Rois fut ensanglanté; c'est en agissant *par le peuple*, qu'on a eu les journées des 2 et 3 septembre, où les malheureuses victimes entassées dans les prisons, furent impitoyablement massacrées par des tigres altérés de sang; c'est en agissant *par le peuple*, qu'on vit la France couverte de bastilles, les échafauds fumans, et qu'on osa répandre le sang de tout ce qu'il y avait d'illustre, de grand et de vertueux.

O vous, monarque infortuné, royale victime! dont l'Eglise doit consacrer les vertus; vous qui, du haut des cieux, assis à côté de votre immortel aïeul, priez pour la France, c'est *par le peuple* que vous avez péri sur l'échafaud.

Et vous, sage Malesherbes! serviteur fidèle et dévoué, qui avez consolé votre auguste maître jusque dans ses derniers momens, c'est *par le peuple* que vous êtes monté sur le même échafaud.

Qu'on nous pardonne, Messieurs, ce rapprochement. A quelque distance que le Monarque soit placé de son sujet, il est permis d'honorer le serviteur fidèle et illustre, en versant des larmes sur le sort du martyr couronné.

Ah! Messieurs, détournons nos pensées de ces souvenirs affreux; mais malheur à celui qui les rappelle! la société doit le repousser de son sein; et la peine sera proportionnée au délit.

Passons aux ministres: le correspondant ne les épargne pas; incapacité, *immoralité*, présomption. Messieurs, on a dit et on répète que, dans un gouvernement représentatif, on a le droit d'attaquer impunément les ministres.

Nous conviendrons, Messieurs, qu'en effet, sous un gouvernement représentatif, on a en *quelque sorte* le droit d'attaquer, de critiquer les actes d'administration du ministère, de discuter le mérite, ou de faire apercevoir le danger des actes qu'on examine: c'est là, Messieurs, ce qui constitue la véritable opposition: mais c'est une opposition éclairée, elle doit être forte, vigoureuse, mais point hostile: on doit au moins respecter les personnes qui sont honorées de la confiance du Souverain.

Or, le correspondant veut aller plus loin que les autres; il se permet de les accuser d'*immoralité*; ces expressions outrageantes sont une véritable diffamation très-répréhensible. On n'a pas le droit de dire à qui que ce soit qu'il est immoral. L'homme le plus obscur aurait en justice une action contre celui qui viendrait le diffamer sur sa moralité, et obtiendrait vengeance dans les tribunaux; à plus forte raison, Messieurs, il nous semble que cette accusation d'*immoralité*, où tout le ministère est enveloppé, mérite une répression sévère, que vous ne refuseriez à personne.

L'armée! comment le correspondant s'avise-t-il de parler de ce qui compose la sûreté et la grandeur de l'Etat? Suivant lui, « elle est toute composée d'an- » ciens militaires qui avaient fait leurs preuves. La gloire est d'ailleurs une » *triste chose*: la raison et la liberté valent mieux. Puissent-elles forcer *la consigne*! »

Messieurs, autant de mots, autant d'outrages et d'assertions mensongères et dangereuses. C'est d'abord vouloir établir une rivalité funeste entre l'ancienne armée et les nouveaux soldats, en disant que l'armée étoit toute composée d'anciens militaires.

Certes, si nos succès ont été brillans et rapides dans la Péninsule, nous le devons à la bravoure de notre armée; nous le devons surtout au généreux prince qui la commandait. Les vétérans de la gloire française n'étaient pas en plus grand nombre ; ils étaient confondus dans les rangs avec nos jeunes soldats, qui se sont montrés dignes de leur modele. On a vu les anciens et nouveaux soldats ; les heros d'Austerlitz, les héros de la Vendée et de Coblentz, tous réunis, n'ont composé qu'une seule famille, dont l'illustre généralissime était le pere.

Nous ne dirons pas que cette armée a été fidèle et brave ; qui pourrait en douter ? Les troupes françaises ont-elles jamais refusé le combat? Mais Messieurs, si elle fut brave sur le champ de bataille, elle fut humaine apres la victoire ; elle donna au monde l'exemple le plus mémorable de la discipline ; elle protegea les vaincus contre la fureur de ses alliés.

On viendra nous dire que la gloire est une triste chose ! La gloire et l'honneur ! quels mots magiques pour les Français! il n'y a que l'*Ami de la Charte* au monde qui puisse écrire que la raison et la liberté valent mieux.

Nous avons appris à nos dépens ce que c'est que la déesse de la raison ; nous n'avons pas oublié les folies, les fureurs des temps desastreux de ce culte infâme, et nous savons aussi que dans l'argot révolutionnaire *raison* c'est révolte, et *liberté* c'est licence.

Anatheme à l'insensé, au furieux qui ose rappeler de pareils souvenirs! il est doublement coupable, et ne peut échapper à la sévérité de la loi.

Le *clergé* ne devait pas au moins exciter ni l'envie, ni la colere du correspondant. Réduit a la pauvreté des apôtres, il n'a pour lui que ses vertus. Cependant suivant le correspondant, « il met le gouvernement spirituel de
» l'Etat infiniment au-dessus du temporel. Il a sa milice et les conscien-
» ces ; il est dans la voie des envahissemens : qu'on le laisse faire, il grandira. »

Messieurs, nous ne concevrons pas cette irritante diatribe. Les ministres de la religion de l'Etat, de cette religion sublime et sainte, qui fut celle de nos pères, et qui, parmi nous, est exclusivement professée ; ses ministres, disons-nous, ne reçoivent pas du Gouvernement un traitement proportionné à la dignité de leurs fonctions. C'est l'objet des reclamations universelles de toutes les opinions, de tous les sectateurs des cultes chrétiens. A peine sont-ils a l'abri des besoins de la vie, et cependant ils vont consoler l'infortune dans l'asile de la misere, c'est sous le chaume, c'est sur la paille qu'ils vont offrir à ces malheureux les tendres consolations d'un Dieu de miséricorde et de justice ; leur ingénieuse charité les conduit à des privations, même aux dépens du nécessaire. Leurs levres ne respirent que charité et pieté. Leur milice, si on entend parler des nouveaux ministres qui ont reçu l'imposition des mains, ils accourent *sub titulo paupertatis*. Voit-on des peres de famille diriger l'éducation de leurs enfans du côté de l'église, les exciter à embrasser cette profession, par des motifs d'ambition, ou comme un moyen d'opulence? Mais ils grandiront, ils envahiront, si on les laisse faire ! Ce ne sera pas au moins pour la génération actuelle. Depuis 1802, c'est-à-dire, depuis vingt-deux ans que le culte est rétabli, ont ils grandi de maniere à effrayer par des envahissemens rapides ? Non, ils sont toujours dans le même état; toujours, pauvres, toujours sujets fideles ; c'est la doctrine de l'Evangile.

O vous, ministres d'un Dieu vivant! s'il en est parmi vous qui nous écoutez, méprisez les calomnies de ces hommes blasphémateurs et sacriléges ; comptez sur la protection des magistrats qui savent apprécier vos sacrifices : et répétez à ces impies ce qu'écrivait saint Paul dans sa seconde épître à Timothée, saint Paul, homme prodigieux pour l'époque ou il a vécu. Ce grand apôtre qui avait prédit ces temps désastreux, écrivait ; *In novissimis diebus, instabunt tempora periculosa : erunt homines seipsos amantes, elati, superbi, blasphemi, scelesti, criminatores, corrupti mente, et reprobi circà fidem.* Le correspondant doit se reconnaître à ce portrait.

Les *jésuites*! le correspondant les juge aussi *ab irato*. « Ce mot en dit assez,
» s'écrie-t-il ; ils veulent s'emparer de la jeunesse pour la pétrir et la façon-
» ner à la *servilité*; ils sont partout et dans tout; on ne sait par où ils sont
» entrés : c'est un feu qui couve et gagne de proche en proche. Ils se montre-
» ront un jour à la lueur de l'incendie qu'ils auront allumé. »

Quant à nous, Messieurs, nous ne voyons pas que les jésuites aient encore une existence légale en France; nous ne connaissons aucune loi, aucune ordonnance qui les aient reconnus et autorisés

Cette société célèbre a eu de zélés partisans, mais surtout de puissans détracteurs. On a reproché de grands crimes et de grandes fautes à quelques-uns de leurs membres; mais on ne doit pas condamner un corps entier pour la faute de quelques membres gangrenés. Les hommes d'état, les magistrats ont pensé que leur institut était dangereux pour le Gouvernement. Ils devaient obéissance passive à un chef étranger, leur règle établissait une obédience absolue aux volontés du chef de l'église. On les considérait comme une puissance dans l'Etat, qui entrainait les inconvéniens les plus graves, et tendait à anéantir les libertés de l'église gallicane: ils furent proscrits en France, comme ils l'étaient déjà en Portugal et en Espagne, et bientôt le pape Ganganelli fit paroître une bulle qui prononçait leur destruction en Italie et dans toute la chrétienté.

En même temps ils étaient accueillis dans les états d'un monarque absolu; par le grand Frédéric qui ne professait pas le même culte; ils trouvèrent un asile en Russie, dans les glaces du Nord, et furent chargés de l'éducation publique par un puissant despote.

Cependant, Messieurs, les plus grands détracteurs de cet ordre, dont l'histoire appartient déjà à la postérité, puisqu'il n'existe plus depuis soixante-deux ans, ne pouvaient s'empêcher de reconnaître les services signalés qu'ils avaient rendus à l'éducation publique. Cette société célèbre en Europe, fut grande dans le Paraguay; elle se justifiait de l'obédience passive, et soutenait, 1°. qu'elle n'avait aucun trait au temporel des rois; 2°. qu'elle ne concernait que les missions étrangères pour lesquelles ils étaient obligés de se sacrifier. En effet si ils ont eu le courage d'aller porter la lumière de l'Evangile dans les contrées les plus barbares, et ont bravé la mort et les plus horribles tourmens pour remplir leur mission.

Personne n'a ignoré les travaux et les succès de ces missionnaires dans ce grand royaume de l'Asie, dont les habitans, vains de leur antique civilisation, ne voulaient pas croire qu'il y eût dans le monde d'autres royaumes que le leur. Ces Chinois si orgueilleux, mais que les Tartares ont si facilement vaincus, furent forcés d'admirer les sciences de l'Europe, et apprirent des jésuites ce qu'était la France. Les Lettres édifiantes seront à jamais un monument de piété, de science et de talent en l'honneur de cette société qu'on n'a pas pu oublier.

Peut-être qu'en leur donnant des rivaux, en les soumettant à la juridiction de l'ordinaire, on en tirerait de grands avantages pour l'instruction publique. N'est-il pas sorti des mains des oratoriens, des jésuites, des bénédictins, des hommes marquans dans les sciences, des hommes qui ont brillé avec éclat dans les affaires publiques. Et quel parti doit prendre le citoyen circonspect et soumis aux lois de son pays? il doit s'en rapporter à la sagesse du monarque. Notre devoir est d'obéir.

Nous pourrions en passant relever une petite contradiction échappée au correspondant, suivant lui, les jésuites vont façonner la jeunesse à la *servilité*. Or, jamais on leur a reproché de faire des esclaves; le plus fort argument contre eux était cet esprit de domination dont ils étaient animés: on les accusait de le transmettre à leurs élèves, qui souvent bravaient l'autorité en sortant de leur école.

Mais, Messieurs, nous n'avons pas ce sujet à traiter, et peut-être trouvera-t-on que nous en avons déjà trop dit.

Nous passerons légèrement encore sur ces injures trop généralisées, pour n'être pas l'objet du mépris. Le correspondant trouve le peuple *absolument nul*, et ce repos excite ses regrets. Il est tellement difficile à contenter, qu'il en veut à la simarre, à l'épée, au surplis; il a oublié le camail et le rochet. Quant à la simarre, ses injures ne vont pas jusqu'à vous, magistrats dignes de fonctions augustes que le Monarque vous a confiées; jusqu'à présent la magistrature avait reçu des éloges; on la considère, on la respecte: c'est la sauve-garde de la vertu et de l'innocence; elle protège et punit le vice; elle donne l'exemple de la fidélité et de l'amour pour son Roi, source de toute justice et qui lui a délégué ses pouvoirs.

On a incriminé avec fondement le paragraphe infâme, où le correspondant veut verser le ridicule sur de prétendues querelles que la *discorde en débauché* avait élevées dans le palais des rois, entre les membres du clergé parisien, sur de prétendues questions de préséance: *nouveaux Troyens, ils se disputaient le corps d'Achille.* L'archevêque, ce prélat si recommandable, s'était retiré dans sa tente avec les siens: et dans ce risible combat de crosses et de croix, il n'y a eu de répandu que *de l'eau bénite.* C'est, Messieurs, tout à la fois une horrible diffamation, une profanation sacrilége; c'est abuser des choses les plus saintes; et ce paragraphe seul justifierait les poursuites exercées contre l'éditeur.

Ce n'est qu'avec répugnance que nous abordons le dernier article, sur le deuil de Louis XVIII. Nous avons déjà eu l'honneur de vous en entretenir, et nous ne pouvons en parler qu'avec dégoût: c'est une imposture gratuite, c'est une lâcheté; il devrait au moins respecter la cendre des morts. Tous les peuples de la terre lui en donnent l'exemple; et n'est-il pas mille fois plus coupable, lorsqu'il ose s'adresser aux mânes d'un monarque illustre, dont le règne sera toujours une époque glorieuse, et sera marquant dans l'histoire.

Mais n'avez-vous pas remarqué, Messieurs, que lorsque le correspondant veut s'égayer sur les habitans de Paris qu'il appelle la nouvelle Babylone, il dit avec le ton du mépris, en retraçant d'anciens souvenirs, que le peuple a fait la procession en chemise sous la ligue, fêté la fédération, dansé avec les Tartares en 1814 et en 1815; mais il ne dit pas un seul mot sur les hauts faits de 1792 et 1793. Sans doute qu'il approuve les crimes révolutionnaires, et regrette ces temps de discorde et de désolation; c'est la seule conséquence qu'on puisse tirer des maximes funestes qu'il étale avec audace dans le cours de son écrit.

Il s'irrite même du projet d'indemnité en faveur des émigrés; il voudrait prendre le ton de l'ironie, qu'il manie lourdement. On ne doit pas s'étonner qu'il trouve mauvais qu'on parle de dédommager ces intrépides défenseurs de l'autel et du trône; ils étaient coupables à ses yeux d'avoir marché sous la bannière de l'honneur et de la fidélité; il les regarde comme trop heureux d'avoir retrouvé une patrie, où ils meurent de faim à côté de leurs biens; il ne veut pas sentir que l'indemnité proposée est le seul moyen de rassurer les acquéreurs, de rendre à ces propriétés leur valeur intrinsèque, faire disparaître le discrédit moral qui les environne, et les remettre dans le commerce. Ces avantages ne sont rien pour le correspondant qui, sans doute, n'a rien à perdre, mais pourrait gagner dans le désordre.

Nous avons, Messieurs, terminé l'analise de ce pamphlet outrageant; et nous dirons avec la plus haute conviction que, de tous les articles politiques qui ont été incriminés jusqu'ici, et réprimés par les tribunaux, il n'en est aucun qui ait poussé l'audace, l'effronterie et la méchanceté jusqu'à cet excès. Tout ce qu'il y a d'honnête, tous ceux qui ont quelques principes de probité et d'honneur, dans toutes les opinions, ont réprouvé et rejeté avec dédain cette sortie intempestive, despectueuse et sacrilége.

C'est donc avec confiance dans votre justice et dans vos lumières, que nous allons examiner les moyens de défense employés jusqu'ici, et les appels respectifs sur lesquels vous avez à prononcer. Nous serons brefs dans cette discussion: la cause est déjà parfaitement connue.

Ici le ministère public examine isolément chaque chef d'accusation, et soutient de nouveau que le délit d'offense envers la personne du Roi, résulte de ces expressions si irrévérentes:

« Un homme franc prend les rênes de l'Etat; il dit: Regardez-moi, je règne » pour vous. » Mais que trouvez-vous là d'offensant? Le Roi n'est-il pas un homme, n'a-t-on pas dit souvent, tel roi fut un honnête homme?

Sans doute, Messieurs, le Roi est un homme; il est sujet aux mêmes besoins, aux mêmes infirmités que nous; mais la dignité royale demande plus de

révérence; et quand on parle du Roi, sans le désigner par ce titre auguste, tout autre mode est offensant, et s'écarte du respect qui convient à sa dignité. Oui, Messieurs, on a dit que Louis XVI était le plus honnête homme de son royaume. Cette locution, loin de blesser la Majesté royale, était un éloge mérité; mais on faisait précéder son nom de cette qualification; on apprenait qu'on parlait du Roi, et toujours sur le ton du respect dû à la dignité royale.

Ici, au contraire, il est dit: « Un homme franc prend les rênes de l'Etat. » Reconnaît-on à cette désignation le monarque légitime, le plus grand roi de l'Europe? On s'exprimerait ainsi sur un usurpateur qui aurait l'audace de s'emparer du trône de son maître; on dirait un homme a pris les rênes de l'état, et il n'y aurait rien d'offensant pour sa personne. Ici, au contraire, c'est une injure, un outrage à la personne d'un monarque révéré, illustre successeur d'une dynastie qui règne depuis près de neuf cents ans, et toujours pour le bonheur de la France.

Soutiendra-t-on aussi qu'il n'y a pas d'offense à la dignité royale, lorsque le correspondant, s'égayant sur le clergé de Paris, s'écrie: *Nouveaux Troyens, ils se disputent le corps d'Achille*. Il s'agit ici des dépouilles mortelles de Louis XVIII, qui emporte les regrets universels. Quelle idée peut-on se former de cette comparaison? Achille était le soutien des Grecs, et le plus terrible ennemi des Troyens; il est blessé par Pâris, dont Apollon dirigeait la flèche: il meurt, les Troyens se disputent son corps comme un trophée. Le correspondant a-t-il voulu dire que le feu Roi, le fils aîné de l'Eglise, était ennemi de ses ministres? il serait démenti par la France entière. On sait tout le respect qu'avait le feu Roi pour la religion de l'Etat; qu'il honorait les ministres de sa protection spéciale: il a expiré après avoir reçu les consolations et les secours de l'Eglise. « Mon frère, disait-il en se livrant dans les bras de la Providence, a des affaires à régler, et moi des devoirs à remplir. » Personne n'a ignoré avec quelle touchante résignation il a rempli ces devoirs, et le grand exemple qu'il a donné à son peuple.

Mais, Messieurs, quelle qu'ait été la pensée du correspondant dans cette saillie inconvenante, devait-il honorer la dépouille mortelle de son Roi, respecter la cendre des morts; et cette choquante comparaison est un véritable attentat à la dignité royale. Ses réflexions sur le deuil viennent encore ajouter à l'outrage. Il n'y a donc rien de mieux établi que ce premier grief, les premiers juges devaient donc le réprimer sévèrement.

L'art. 9 de la loi du 17 mai 1819, veut que celui qui se sera rendu coupable d'offenses envers la personne du Roi, soit puni d'un emprisonnement qui ne pourra être moins de six mois, ni excéder cinq années, et d'une amende qui ne pourra être au dessous de 500 fr, ni passer 10,000 fr.

L'article 2 de la loi du 25 mars 1822, punit toute attaque à la dignité royale, d'un emprisonnement de trois mois à cinq ans, et d'une amende de 300 fr. à 6,000 fr.

Les premiers juges, voulant éluder la rigueur de ces articles, ont dit que l'offense envers la personne du Roi, l'attaque à la dignité royale, n'étaient pas suffisamment établies.

Ils ont également mis de côté l'art. 1er de la même loi, qui punit d'un emprisonnement de trois mois à cinq ans, et d'une amende de 300 fr. à 6,000 fr., l'outrage fait à la religion de l'Etat, ou seulement de l'avoir tournée en dérision. ce n'était pas encore suffisamment établi à leurs yeux: et cependant de quel œil considérera-t-on les réflexions impies et sacrilèges du correspondant sur les discussions de préséance, sur la retraite de M. l'archevêque de Paris dans sa tente avec les siens, et de ce prétendu combat, où il n'y a eu de répandu......... que de l'eau bénite.

Si ce n'est pas là se jouer des choses les plus saintes, de ce que notre religion a de plus auguste; enfin, si ce n'est pas une horrible profanation, un outrage sanglant envers le chef illustre et vertueux du clergé de Paris; si le tribunal de Clermont ne veut pas y voir un outrage à l'un des ministres de la religion de l'Etat; on peut dorénavant se permettre de tout dire, tout écrire impunément.

Cependant, Messieurs, la disposition de la loi est sévère et rigoureuse, e ne permet pas de modifications. Le § 3 de l'art. 6 de la loi du 25 mars, prononce la peine portée par l'art. 1er, contre quiconque aura outragé un ministre de la religion de l'État, qui remplissait alors une des fonctions les plus augustes de son ministère; et cette peine, comme vous l'avez vu, est d'un emprisonnement de trois mois au moins à cinq ans, et d'une amende de 500 fr. à 6,000 fr.

Les premiers juges ont passé l'éponge sur ces deux chefs; ils se rabattent sur l'excitation à la haine et au mépris du gouvernement du Roi. Art. 4 de la loi du 25 mars 1822, qui ne prononce qu'un emprisonnement d'un mois à quatre ans, et une amende de 150 fr. à 4,000 fr. Ce n'est que subsidiairement, et par une espèce d'addition qu'on a voulu coudre avec le projet tout fait, qu'on a dit aussi qu'il y avait excitation à la haine et au mépris des citoyens, contre une ou plusieurs classes de personnes, parce que c'est encore la même peine, et que l'addition n'exigeait aucun changement au projet.

Ainsi, Messieurs, rien n'a paru évident aux premiers juges, si ce n'est l'excitation à la haine et au mépris du gouvernement du Roi: ce n'est que par souvenir qu'ils ont ajouté l'excitation à la haine et au mépris des citoyens, contre une ou plusieurs classes de personnes.

Pour le coup, en effet, il n'y avait pas lieu de douter.

« Le peuple est nul, s'écrie avec regret le correspondant; quelques citoyens » seulement sont debout. Ils savent bien que sur plusieurs points les faiseurs » en manteau, en simarre, en surplis, et même les chapeaux rabattus, débi- » tent et vendent des consciences, qui valent de l'or à force de ne rien valoir.
» L'aristocratie? elle a fait des progrès effrayans sous le dernier règne! elle » ne voit dans l'État que seigneuries, gouvernemens et intendances. »

C'est, Messieurs, vouloir armer les citoyens les uns contre les autres, soulever la masse du peuple contre toutes les classes dont la position est plus élevée.

Et où sont donc, Messieurs, ces traces de seigneuries, de gouvernemens et d'intendances? La confiscation a dépouillé les possesseurs légitimes de ces anciennes seigneuries; leurs titres ont été la proie de l'incendie, dans cette conflagration universelle, allumée par le vandalisme.

Les gouvernemens? il n'en existe pas.

Les intendances des trente-deux généralités? elles sont remplacées par les préfectures; et certes on ne pense pas que les préfets fussent d'avis du rétablissement des intendances. Ce n'est ici qu'une méchanceté grossière et sans cause, qui n'a d'autre objet que de déverser la haine sur une classe de citoyens ruinés, proscrits; qu'on affecte de craindre parce qu'on les a dépouillés, et qu'on voudrait achever d'accabler.

Cependant, Messieurs, un libelle de ce genre a trouvé des défenseurs. Nous ne serions pas étonnés que l'éditeur du journal eût cherché à le justifier; il défendait sa propre cause : mais ces auxiliaires officieux, à qui l'éditeur témoigne une si grande reconnaissance!

Dans ces grands moyens, l'éditeur a pris la peine de revoir tous les journaux qui ont parlé des ministres, des prêtres, etc. Il a cité jusqu'au Lutrin, et a pris pour comparaison un noble écrivain qui serait bien humilié d'avoir quelque chose de commun avec *l'Ami de la Charte*.

L'éditeur, Messieurs, n'est pas le premier qui essaie de se défendre par des exemples; il a pris pour modèle un jurisconsulte de la capitale, distingué par ses talens et son érudition, qui plusieurs fois a essayé cette tentative; et quoique ses exemples fussent mieux choisis, il n'a pas mieux réussi.

Au surplus, Messieurs, c'est par un mouvement généreux que l'éditeur a fait sa brochure; c'est pour attirer la commisération et la charité des adeptes, au profit de l'éditeur responsable : elle se vend à son profit

Qui donc a inséré cet article infâme? Un rhumatisme n'empêche pas de lire ou de se faire lire un article ; Veysset devait d'autant mieux y veiller, qu'il se trouvait dans un état d'isolement, en l'absence de Vaissière, laissant ses presses à l'abandon, et devant craindre quelqu'indiscrétion ou quelque témérité.

Ce n'est pas l'éditeur responsable; il dit lui-même qu'il est un militaire retraité, nouvellement employé; qu'il n'a pris l'emploi d'éditeur responsable que pour obliger son cousin Vaissiere, qui l'était avant lui, et qui n'a abdiqué ce titre que lorsqu'il a voulu se faire recevoir avocat, mais en conservant exclusivement la rédaction.

Personne n'a voulu nommer le correspondant, et il est devenu impossible de remonter à la source, de connaître le téméraire; personne ne veut y avoir coopéré. Nous sommes donc contraints de prendre les choses en l'état où elles se trouvent.

Au fond, Messieurs, l'éditeur a trouvé un singulier moyen de réparer ses torts ou d'abjurer ses erreurs, nous ne lui passerons pas surtout de prendre pour exemple un ouvrage de génie, où l'auteur a voulu s'égayer d'une aventure comme alors dans tout Paris, de deux bénéficiers à sinecure qui avaient eu entre eux une querelle ridicule.

Dans cet ouvrage, modèle de pureté, et dont aucune expression n'a vieilli, on n'y trouvera aucun mot, aucune pensée, qui tende à outrager la religion ou ses ministres. On sait, au contraire, que l'auteur avait de grands principes de piété; il a trouvé le moyen de présenter le tableau de la mollesse avec un si grand talent, qu'on ne cesse de le citer comme exemple. Avec quelle adresse fait-il arriver l'éloge le plus délicat du grand Roi, qu'il était si difficile de louer d'une manière digne du plus grand homme de son siècle? Que peut avoir de commun le Lutrin, avec les expressions grossières et outrageantes du correspondant? Au moins n'est-il pas modeste dans ses excuses comme dans ses exemples.

Il a voulu désigner un noble écrivain, en affectant d'insister sur la qualité. L'éditeur semble trouver mauvais qu'un noble comte puisse déclamer impunément contre les prêtres, et que ce ne soit pas permis à un écrivain plébéien. Nous croyons de bonne foi, que l'éditeur, en se comparant au noble écrivain, n'a voulu que l'humilier par cette comparaison.

En effet, nous connaissons l'ouvrage qu'on rappelle; c'est le dernier volume de la Monarchie française. L'auteur d'abord s'exprime sur la religion et ses ministres, avec autant de respect que de déférence; mais il manifeste le vœu qu'on laisse les prêtres à leurs fonctions, qu'ils soient étrangers aux affaires de l'État. Il ne voudrait pas que les jésuites fussent chargés de l'instruction publique.

Ce n'est là qu'un système exprimé avec énergie, qui n'offense personne, qui peut trouver des partisans comme des censeurs : mais il s'énonce avec toute la verve d'un écrivain habile, toujours en sujet fidèle, dévoué à la monarchie, ennemi des factieux, et qui n'aura jamais rien de commun avec le folliculaire qui ose l'attaquer ou le prendre pour exemple.

Quel est donc ce fatras d'articles sur les ministres, où jusqu'à présent nous ne voyons que des reproches généraux sur leur capacité, sans aucuns faits, que les ministres eux-mêmes ont méprisés, et qui d'ailleurs n'ont jamais attaqué leur moralité. On ne s'étonne plus aujourd'hui de ces généralités, de ces critiques, presque toujours l'ouvrage des personnes intéressées, ou blessées dans leurs intérêts, ou qui ambitionnent ces emplois éminents.

Mais, Messieurs, est-ce donc par des exemples qu'on peut se justifier d'un délit ou d'un crime? Que dirait-on d'un accusé d'un crime qui n'aurait d'autres moyens de défense que les exemples des criminels qui ont échappé à la vindicte publique?

Ainsi, Messieurs, cessons de discuter ces moyens de défense si futiles; rien ne peut excuser ni justifier cette feuille incendiaire que vous devez vous empresser de proscrire avec indignation.

Nous avons à justifier notre appel contre Veysset, imprimeur : le tribunal dont l'appel a cru devoir l'acquitter purement et simplement.

Sa défense était fondée sur l'article 24 de la loi du 17 mai 1819, portant que les imprimeurs ne pourront être recherchés pour le simple fait d'impression, à moins qu'ils n'aient agi *sciemment*, et comment prouver que Veysset, avec son rhumatisme, a pu agir *sciemment*?

Nous n'entendons pas dissimuler à la Cour, Messieurs, que notre substitut à Clermont n'a pas insisté sur l'accusation contre l'imprimeur, à raison de cet article de la loi, mais il demandait qu'il lui fût fait une injonction sévère d'être plus circonspect a l'avenir, et de veiller avec plus de soin sur ses presses.

Nous n'entendons pas, Messieurs, être plus sévères que notre substitut; mais nous avons cru devoir nous rendre appelant en ce chef, afin d'obtenir de la Cour une injonction contre Veysset, qui a grand besoin de cet avis.

Veysset n'est pas une machine; il est continuellement à son imprimerie; il voit et connoît tout ce qui s'y passe; les articles lui sont communiqués avant qu'on les imprime: par caractère comme par opinion, il est fort enclin a des entreprises de ce genre. Il est connu, l'autorité le surveille; il est prévenu de cette surveillance; qu'il se tienne sur ses gardes. Une injonction de la Cour lui sera salutaire, et lui évitera, nous n'en doutons pas, une peine plus grave dont il a déjà été menacé.

Nous terminerons par une dernière réflexion. Vous n'avez pas perdu de vue la réponse de l'éditeur responsable, dans son interrogatoire devant le juge instructeur.

Le nommé Andrieux déclare qu'il a nouvellement cette qualité; son cousin Vaissière l'avait avant lui. Il s'en est chargé pour lui faire plaisir, lorsque Vaissière a voulu se faire recevoir avocat.

Pensez-vous, Messieurs, que le métier de folliculaire puisse s'allier avec la noble profession de l'avocat? Vaissière est toujours rédacteur unique de *l'Ami de a Charte*; il en convient, il s'en fait gloire. Nous laissons à l'ordre des avocats la décision de cette question. On ne doutera pas, sans doute, du vif intérêt que nous portons à un ordre auquel nous avons si long-temps appartenu.

Imbu de toutes les traditions du barreau, de l'indépendance de cette honorable profession, nous avons tâché, pendant notre exercice, et surtout lorsque nous avions l'honneur d'en être le chef, de les transmettre à nos confrères.

Nous leur avons toujours dit que nos anciens confrères ne reconnaissaient pour tels, et ne communiquaient qu'avec ceux qui exerçaient leur profession sans mélange. Si, dans le nombre, quelques-uns se permettaient d'exercer des fonctions qui pouvaient compromettre leur personne ou leur liberté, ils étaient rayés ou omis du tableau, sans rémission.

Or, un folliculaire qui se charge d'un journal rédigé dans le plus mauvais esprit, toujours en hostilité contre le gouvernement, fondant les institutions les plus respectables, attaquant sans ménagement les hommes les plus élevés en dignité, cet homme, Messieurs, ne peut se placer dans le rang des avocats, des jurisconsultes distingués par leurs lumières, leur modération, leur respect pour les autorités constituées : il y a incompatibilité absolue.

Nous nous en rapportons, quant à présent, à la sagesse de l'ordre : nous ne donnons qu'un avis, et nous espérons que nous ne serons jamais obligés de recourir à l'autorité supérieure, pour faire cesser un véritable scandale.

En conséquence, le ministère public conclut à ce que l'éditeur soit condamné à six mois de prison et 6,000 fr. d'amende, et aux frais du procès; qu'il soit fait une injonction sévère au Sr Veysset, et le tout par corps, etc.

La plaidoirie du ministère public terminée, Me Bayle croit devoir, attendu l'heure avancée de l'audience, consulter la Cour pour savoir si elle veut entendre sur-le-champ sa réplique, ou si l'audience sera renvoyée au lendemain. La Cour se prononce pour le renvoi, et M. le premier Président proclame la levée de l'audience.

Séance du 14.

La parole est à M⁰ Bayle, qui réplique ainsi au discours de M. le Procureur-général :

M ESSIEURS,

« L'impression que produisit sur nous le discours que prononça, à la rentrée de cette Cour, un habile orateur, qui avait pris pour texte : *la Modération* (1), avait été trop grande pour qu'il nous fût possible d'oublier si tôt les conseils qu'il voulut bien nous donner.

Pénétrés de cette idée, que la justice n'est que dans la modération, nous nous étions promis de suivre la ligne que nous avait tracée ce magistrat.

C'est animé de cet esprit que je me suis livré à la défense de l'*Ami de la Charte* ; c'est à vous, Messieurs, de juger si je me suis écarté de ce respect dû aux convenances ; si j'ai eu recours à ces déclamations qui peuvent trop souvent irriter les esprits, et rarement les éclairer.

Pourquoi faut-il que M. le Procureur-général nous ait donné, hier, un exemple tout opposé à suivre ? Ne croyez pas toutefois que mon intention soit de le combattre avec les armes dont il s'est servi.

J'espère ne point oublier ce que je dois à ma profession et à la dignité de cette cour.

Une première idée qui vient me frapper, c'est la difficulté de répondre aux argumens de M. le Procureur-général ; car accuser n'est pas prouver, injurier n'est pas convaincre.

Qu'a fait le ministère public ? Après s'être élevé, avec force, contre la violence et le mauvais goût de quelques expressions échappées à l'auteur de la lettre incriminée, oubliant l'exemple et le précepte, au lieu d'entretenir la Cour d'une discussion de faits et de principes, pourquoi s'est-il laissé entraîner à des reproches entièrement étrangers à la cause, et a-t-il proféré des paroles blessantes, mais qui, d'ailleurs, n'ajoutaient aucune preuve à l'accusation ?

Et d'abord, à quoi bon cet historique du Journal, et sa prétendue création par douze actionnaires ? Où le ministère public a-t-il puisé les renseignemens qu'il n'a pas craint de vous donner ? Quel acte public les constate ?

---

(1) L'*Ami de la Charte* a rendu compte de ce discours remarquable dans un de ses Numéros.

Quelle main officieuse lui a transmis la liste de ces factieux qui, désolés du calme profond dans lequel vivait une province, amie de l'ordre, sont venus y allumer le foyer des discordes civiles?

Quels sont-ils? Et pourquoi ne les a-t-on pas nommés? Comment se permettre une inculpation aussi grave, sans l'appuyer d'aucune preuve; et, lorsqu'un prévenu est sur le banc de l'accusation, oublier ou négliger ce qui peut être à sa charge, pour faire tomber ses accusations sur des hommes absens et sans défenseur?

On vous a dit que la création de l'*Ami de la Charte* avait été une affaire de parti, qu'on avait voulu exciter des passions coupables, entretenir les haines intestines, et déshériter le trône de l'amour de ses fidèles sujets d'Auvergne.

Où sont-ils, ces hardis machinateurs qui se proposaient de bouleverser leur propre pays, et jusqu'à leurs foyers domestiques?

Ce sont, nous dit l'accusation, des hommes sans nom, sans crédit, sans consistance, qui ont tout à gagner et rien à perdre dans les troubles civils.

Mais alors, comment seraient-ils dangereux?

Mais alors, il y aurait calomnie contre la population estimable et laborieuse de l'Auvergne, qui se laisserait entraîner à des opinions et à des actes répréhensibles, par qui? par des factieux obscurs, exclus de toute supériorité sociale.

Et quelle est la tribune qu'ils choisissent pour renverser l'ordre établi, et livrer leur patrie aux terribles chances des révolutions?

Un Journal misérable, sans réputation, sans abonnés, dont les rédacteurs n'ont pas même assez de talent pour faire le mal; c'est une *trompette grêle et fêlée qui retentit dans le désert*.

Mais alors, pourquoi ce courroux contre une Feuille destituée de tout ce qui peut faire le succès d'une entreprise de cette nature?

Pourquoi rappeler un article oublié depuis trois ans, où, dans une fiction fantastique, l'écrivain avait réuni quelques-uns des traits propres à faire connaître le système de la féodalité.

Si ces traits ne sont pas historiques pour une portion de l'Auvergne, ils le sont pour d'autres, et pour la plus grande partie du territoire français.

Pourquoi dénoncer un rêve (car l'accusation n'a pas voulu souffrir la vérité, même en songe), quand ce rêve avait passé sous les yeux de trois censeurs, qui avaient eu le bon esprit de n'y rien changer, parce qu'il faisait allusion à des temps éloignés de nous, et à des institutions pour jamais anéanties?

Qu'ont de commun le franc-aleu, et les ruines de Montroignon avec la cause qui vous occupe?

Pourquoi ce déchaînement inattendu contre un Journal qui n'avait essuyé aucune poursuite?

Nous osons défier le ministère public de sortir de ce dilemme: ou l'*Ami de la Charte*, que l'on a traduit devant vous, depuis le commencement de son existence, est innocent, ou le ministère public est coupable, car il devait poursuivre.

Il a prononcé lui-même sa condamnation, en venant plaider la culpabilité d'articles antérieurs. D'ailleurs, est-ce une succession d'articles que vous avez à juger, ou un seul sur lequel vous devez prononcer?

Le roman, relatif à la fondation de l'*Ami de la Charte*, est bien imaginé ; il n'y manque qu'une seule chose, la vérité. Il n'y a pas jusque sur le traitement du rédacteur principal que le ministère public a prétendu connaître, qu'il n'ait commis de graves erreurs.

Messieurs, écartant les suppositions inexactes du ministère public, je vais vous indiquer comment l'*Ami de la Charte* s'est établi par des moyens fort naturels.

La création d'une feuille périodique ressemble à toutes les entreprises de librairie, et comme toute autre spéculation, elle s'établit sous des modes divers. La seule obligation que contracte l'entrepreneur d'un Journal, en se conformant aux lois existantes, est de parler à ses lecteurs le langage qui leur convient, sous peine d'en être abandonné.

Le Journaliste est, à cet égard, dans une position plus avantageuse que l'agent révocable d'un ministère qui le renvoie, lorsqu'il est mécontent de ses services.

L'existence de l'*Ami de la Charte* remonte à la fin de 1819, époque où la presse fut affranchie et soumise à la loi qui régit encore la plupart de ses délits.

Cette époque fut celle de l'examen et de la publicité. Le gouvernement, loin de s'effrayer de cette disposition des esprits, semblait au contraire la favoriser.

Ce fut alors que Paris vit non-seulement éclore plusieurs feuilles périodiques, mais que chaque ville importante par sa position topographique et sa population, s'enrichit d'un Journal qui, ainsi que le ministère public l'a regretté, ne se bornait pas à transcrire le recueil des actes administratifs, l'annonce des biens à vendre, les donations entre vifs, et les hypothèques légales.

Des feuilles politiques et littéraires parurent simultanément à Lille et à Marseille, à Nantes et à Grenoble, à Bordeaux et à Strasbourg, à Bourges et à Clermont.

Cette création n'était point une émanation du *Comité directeur*, dont la prétendue existence n'avait plus été mentionnée depuis et dès-avant l'avénement de Charles X.

Ce fut tout simplement par un mouvement imprimé à l'opinion par la libre discussion de la tribune et des feuilles périodiques, que ces divers organes de l'opposition furent institués.

A Paris, où examinait, on censurait ce qui était contraire à la Charte, aux intérêts de la royauté et du pays. Quelques citoyens des départemens pensèrent qu'eux aussi pouvaient faire usage de leurs facultés intellectuelles, se rendre compte de leurs devoirs et de leurs droits, approuver ou improuver ce qui leur paraissait digne d'éloge ou de blâme.

Cette pretention était-elle injuste ou pernicieuse? Le droit de parler ou d'écrire ne doit-il pas depasser les barrières de la capitale, et la province ne peut-elle pas avoir une opinion à elle? C'est une question que nous soumettons à votre sagesse.

Mais non-seulement le ministère public a méconnu dans cette circonstance les principes de notre droit public, mais il s'est mis en contradiction avec les organes de toutes les opinions, et principalement de l'opinion la plus monarchique qui, dans la dernière session, a justement attaqué le système de la centralisation établi au profit du pouvoir ministériel, et au détriment des provinces.

C'est à cette cause que des esprits éclairés et des consciences incorruptibles ont attribué le despotisme impérial et une grande partie des excès de la révolution.

Jusqu'à présent Paris a donné le ton à la France, et lui a imposé non-seulement ses modes et ses travers, mais encore ses opinions plus ou moins conformes à l'intérêt général. Qu'en est-il résulté? C'est qu'une faction maîtresse de la capitale l'a été de tout le territoire.

L'institution des Journaux dans les départemens combattait ce système dont les vices sont si enracinés. En lisant les écrits composés dans les localités, les habitans s'accoutumaient à penser par eux-mêmes, et à ne pas attendre l'arrivée du courrier de Paris pour savoir l'opinion qu'ils devaient conserver sur la marche et les hommes de l'administration.

D'ailleurs, la province n'a-t-elle pas des intérêts locaux à défendre? N'y a-t-il pas des fonds communaux dont l'emploi doit être surveillé? des entreprises utiles qu'il est bon de signaler?

Ne peut-il pas y avoir des administrateurs qui abusent de leurs fonctions? Là, comme à Paris, les citoyens ne trouvent-ils pas, dans la publicité, la garantie la plus certaine contre les vexations que certains agens subalternes pourraient leur infliger?

M. le Procureur du Roi de Clermont a dit que les principes du gouvernement représentatif n'étaient pas encore connus, que notre éducation constitutionnelle était à peine ébauchée. Par quel moyen la fera-t-on avancer, si ce n'est par les enseignemens de la presse libre?

Il est fâcheux de renverser l'historique qui vous a été tracé par l'accusation; mais *l'Ami de la Charte* n'a été établi sous aucune influence que celle du desir d'une controverse sage et mesurée; il n'a reçu d'autre inspiration que celle de propager les principes de cette Charte sous l'égide de laquelle il s'est placé, et qu'il n'a jamais séparée de la personne inviolable et sacrée de S. M.

L'ancien éditeur du Journal incriminé n'a point, comme on vous l'a dit, été *expédié* des bureaux du *Courrier français*, quoique sans doute il n'eût qu'à s'honorer d'avoir été le collaborateur de députés tels que M. Kératry et M. Devaux, et d'autres publicistes non moins recommandables. Mais il n'a point été *expédié* comme un objet de marchandise ou de commerce ; c'est volontairement et par choix qu'il est venu en Auvergne; et jusqu'à ce jour, il n'a eu qu'à se louer de son séjour parmi nous. Tant qu'il a été éditeur il a encouru la responsabilité de toutes les feuilles signées par lui. Il ne répudie point les articles qu'il a rédigés ; il n'a point à en rougir, puisqu'ils n'ont été inspirés que par sa conscience.

M. le Procureur-général affecte de jeter un dédain bien marqué sur la profession de journaliste.

Les termes les plus outrageans sont venus frapper vos oreilles surprises de les entendre sortir de sa bouche.

« Un vil folliculaire! » s'est-il écrié!

En s'exprimant avec aussi peu de mesure contre une profession tout aussi respectable qu'une autre, lorsqu'on n'en fait point une spéculation scandaleuse; il a oublié, sans doute, que des hommes les plus distingués de notre époque, et dont l'ancien éditeur de *l'Ami de la Charte*, plus modeste que ne l'a prétendu M. le Procureur-général, n'a pas la prétention d'approcher, que des hommes d'état, des pairs de France, des députés, des archevêques et des abbés ont écrit et écrivent encore habituellement dans les journaux.

Il ignore que l'opinion vaincue s'est toujours réfugiée dans les écrits périodiques, et que c'est en participant à de pareils travaux que les ministres actuels eux-mêmes se sont élevés au pouvoir.

Il n'y a point à rougir d'être collaborateur d'un journal, lorsque l'on partage cet honneur avec les Fiévée et les B. Constant, les Royer-Collard et les Châteaubriand.

Le ministère public lui-même n'a-t-il pas fait insérer plusieurs de ces discours dans ces mêmes journaux de département, sur qui il s'efforce de déverser le mépris, et qui sait si, par une contradiction assez commune de nos jours, sa véhémente philippique contre les journaux ne sera point publiée par la même voie?

C'est avec une surprise difficile à dépeindre que j'ai vu agglomérer, dans le discours que vous avez entendu, la déesse de la raison et le beau Pâris, les massacres de septembre et la liberté!

Où l'auteur de la lettre incriminée a-t-il donné à entendre qu'il regrettait le régime de la terreur? Il a dit que les amis de la liberté devaient être vertueux, est-ce à dire qu'ils doivent aller dévaster les propriétés, incendier les habitations et relever les échafauds fumans!

Pourquoi cette accumulation d'images sombres et terribles, dont on détruit tout l'effet en les reproduisant trop fréquemment?

Pourquoi faire gémir les mânes des victimes de la terreur, à propos de quelques phrases d'une lettre, qui n'a pas occasionné le moindre désordre, produit la plus légère égratignure!

Le ministère public a fouillé dans les annales les plus sanglantes de la révolution pour y trouver des faits et des hommes qui inspirent l'horreur et le dégoût aux honnêtes gens de tous les partis.

Sans avoir la vaste érudition dont M. le Procureur-général a fait preuve en réunissant tant de choses opposées dans sa plaidoierie, si la défense, pour user des mêmes moyens, eut consulté les pages de l'inflexible histoire, elle y aurait découvert, sans efforts des serviteurs toujours dévoués aux volontés et aux exigeances de tous les pouvoirs, affectant une indignation qu'ils n'éprouvaient pas intérieurement.

Ils sont malheureusement historiques les *Anitus*, les *Sejan*, les *Laubardemont* et les *Jefferies*, qui, pour plaire à une faction ou à un maître, demandaient froidement la captivité ou la tête des meilleurs citoyens. A leurs yeux, tout ce qui était opposant était criminel, et la condamnation était toujours à côté du soupçon.

Il n'existe plus, j'aime à le croire, des hommes ressemblans à ces affreux portraits, et s'il en était qui eussent des penchans assez vicieux pour les porter à de pareils forfaits, dans l'espoir d'un vil salaire, ils ne pourraient exercer leur affreuse industrie sous un règne de justice, de loyauté et de modération, tel que celui où nous avons le bonheur de vivre.

Que l'on n'essaye point d'avilir l'opposition, surveillante nécessaire des opérations et de la machine du gouvernement représentatif..... Lorsqu'elle aurait cessé d'être, la constitution croulerait avec elle.

Il y a, peut-être, quelque honneur à faire partie de l'opposition: tant d'hommes se précipitent vers le pouvoir, entraînés par un penchant irrésistible; tant d'ambitieux se disputent la faveur et les dignités, que l'homme qui, par conviction, s'abstient de grossir le nombre des solliciteurs, qui préfère les intérêts généraux à ses intérêts particuliers, a bien quelques droits à l'estime de ses concitoyens, même de ceux qui pourraient blâmer ses doctrines. Il y a, peut-être, quelque courage à s'avouer aujourd'hui de l'opposition constitutionnelle, mais à coup sûr il y a du désintéressement.

Quelle est la récompense de l'écrivain qui se voue à la tâche toujours pénible, et quelquefois dangereuse, de blâmer les actes des hommes élevés en dignité?

Quelles sont les faveurs qui leur sont accordées? A quels emplois peuvent-ils prétendre?

C'est un mauvais moyen que de faire de l'opposition pour arriver à la fortune; et si, animé par une conviction forte et des sentimens généreux, à défaut de richesses et de distinctions honorifiques, l'écrivain indépendant n'aspirait point à l'estime publique et à la satisfaction que procure une bonne conscience, qui voudrait se dévouer au plus pénible des apostolats, surtout lorsque, ainsi que l'a dit fort éloquemment le ministère public, il lui arrive de prêcher dans le désert?

L'apôtre saint Paul, que l'on nous a cité à cette audience, était de l'opposition, à l'époque où il exerçait son saint ministère.

On l'accusait aussi de prêcher de nouvelles doctrines, de bouleverser les fondemens de la société, d'exciter à la haine ou au mépris de César, parce qu'il disait que tous les hommes devaient être unis par les liens d'une charité fraternelle, et que la même félicité attendait l'obscur artisan et le Monarque révéré, qui auraient pratiqué les devoirs de leur profession et de leur rang.

Saint Paul, que l'on nous a opposé, je ne sais pourquoi, était poursuivi, persécuté par les proconsuls et leurs délégués, bien qu'il fût citoyen romain; et plusieurs fois traduit devant les officiers de l'empereur, il a été frappé de diverses condamnations, avant d'avoir obtenu la palme du martyre. Il disait lui-même dans une épître, que M. le Procureur général ne vous a pas citée, *croyez-moi, parce que j'ai été mis en prison.*

Je ne puis m'expliquer dans quelle intention et pour quel motif le nom de Me Vaissière a été prononcé dans ces débats, auxquels il devait rester tout-à-fait étranger. Long-temps éditeur de l'*Ami de la Charte*, qualité qu'il ne désavoue point pour le passé, la loi, dont le magistrat doit être le pur organe, n'a rien à lui demander, depuis qu'il a été légalement remplacé dans ses fonctions. Quelque soient les motifs qui l'ont décidé à renoncer à cette qualité, peu importe au ministère public et à la Cour. Il lui a été permis d'abdiquer volontairement la responsabilité de l'*Ami de la Charte*, comme il lui avait été loisible de l'accepter.

Me Vaissière a été le défenseur du sieur Andrieu, éditeur actuel de l'*Ami de la Charte*, ce n'est que sous ce rapport qu'il aurait pu être question de lui dans les débats soumis à la Cour. La loi ne connaît et ne poursuit que deux individus dans tout écrit périodique, l'éditeur responsable et l'auteur des articles qui y sont insérés.

Mr Vaissière n'est plus, depuis long-temps, éditeur de la Feuille attaquée. Un acte authentique l'atteste. D'un autre côté, il n'est point l'auteur de l'article qu'il désavoue ; ce serait d'ailleurs au ministère public à prouver le contraire; et, à cet égard, mon confrère ne craint aucune recherche, aucune investigation.

Quelle a pu être la cause de l'attaque dirigée contre un jeune débutant dans la carrière du barreau? On ne peut y voir que des dispositions malveillantes et bien gratuites, car mon confrère ne croit point avoir offensé, en aucune façon, la personne de M. le Procureur-général.

Serait-ce à son ancienne participation à l'émission d'une Feuille, qui n'est point ministérielle, qu'il devrait cette agression, dont il a dû à la fois être surpris et affligé? Mais les articles, dont il a encouru la responsabilité, n'ont point été attaqués : dès lors pourquoi le traduire, autant qu'il appartenait au ministère public sur le banc d'une accusation à laquelle il n'avait point à répondre?

Me Vaissière, dites-vous, est le rédacteur, même unique, du Journal incriminé, où en est la preuve? quels sont les articles qu'il a désignés, comme lui appartenant, même par une initiale de son nom, ou par tout autre signe? Avez-vous pénétré dans les bureaux de l'*Ami de la Charte*, vous qui témoignez tant d'horreur pour cette Feuille impie et sacrilège? Si vous n'y êtes point entré, comment savez vous ce qui s'y passe, et comment venez vous apporter à la justice, au lieu de preuves légales, les seules qu'elle puisse admettre, de vaines présomptions et de fausses rumeurs?

Le motif de cette accusation, tout-à-fait étrangère à la cause, le ministère public a pris soin de le révéler à la fin de son discours. C'est une provocation à l'exclusion d'un ordre, dans le sein duquel mon jeune confrère a été admis sans difficulté.

M. le Procureur-général voudrait fermer une carrière honorable à un jeune homme, atteint et convaincu d'avoir écrit dans un journal de l'opposition ; c'est dans cette intention qu'il a fait un appel, au moins inconvenant, à l'ordre des avocats de Clermont qui n'a pas besoin d'injonctions pour faire respecter ses réglemens et sa dignité.

Le barreau de Clermont, aussi délicat qu'il doit l'être sur l'observation des convenances, n'a point jugé et ne jugera point mon jeune confrère avec les préventions politiques du ministère public. Fier de lui appartenir et de compter dans son sein plusieurs amis distingués par leurs talens et leur caractère, Me Vaissière a encore reçu tout récemment, et dans la cause même, des preuves non équivoques de l'intérêt qu'il inspire par ses qualités personnelles, jointes aux sentimens de la confraternité.

Le ministère public a qualifié Me Vaissière d'éditeur de l'*Ami la Charte*. Si cette qualification n'avait pas été reproduite plusieurs fois, j'aurais pu croire que c'était une erreur involontaire; mais comme le contraire est arrivé, je n'ai pu voir dans cette répétition, que l'effet d'un défaut de bienveillance bien marqué pour le jeune débutant.

Le sentiment, dont je voudrais pouvoir douter, a conduit bien loin un personnage grave, dont toutes les pensées et les expressions devraient être mûrement réfléchies, avant d'aller frapper un citoyen irréprochable dans sa conduite politique et privée. Ce sentiment l'a égaré au point de venir contester le talent que l'avocat avait déployé dans la défense de son parent. C'est à une main étrangère qu'appartient tout ce qui a pu vous paraître bien raisonné ou bien écrit dans la plaidoierie qui vous a été communiquée ; en un mot, Me Vaissière n'est qu'un plagiaire sans talent, qui ne peut louer un noble écrivain sans l'exposer à rougir et sans l'humilier!.....

La latitude, laissée au magistrat qui dirige l'accusation, est grande, sans doute. La place où il est assis, est élevée: mais peut-il en faire un lieu d'asile, d'où des assertions injurieuses et inexactes viennent tomber sur des citoyens non prévenus, et qui par conséquent ne peuvent se défendre?

Au surplus, et pour me servir de l'expression d'un célèbre écrivain, il est ici-bas de douces et de nobles compensations : si M. le Procureur-général a fait tous ses efforts pour dénigrer la personne et l'ouvrage du défenseur du sieur Andrieu, M. le Procureur du Roi, de Clermont, n'a pas craint d'adresser les éloges les plus flatteurs aux talens du jeune debutant.

Un loyal député, un digne et sage magistrat, dont le dévoûment éprouvé n'a pas besoin de donner de nouveaux gages à la monarchie, indépendant par son caractère et sa position, dans le rapport lumineux, que vous avez entendu avec tant d'intérêt, s'est plu à reconnaître dans la plaidoierie de mon jeune confrère, non seulement le mérite d'une plume exercée, mais encore à rendre hommage à l'urbanité, à la mesure, à la réserve du défenseur du sieur Andrieu; il s'est plu à rappeler que, tout en laissant percer ses opinions, il avait constamment respecté la religion et la royauté, ces deux grands principes de l'ordre social. Il s'est étendu avec complaisance sur l'éloge sincère des qualités brillantes et chevaleresques de notre bien-aimé Monarque.

Des suffrages aussi précieux consoleront aisément mon jeune confrère des critiques dont son discours a été l'objet.

Le talent est un don du ciel, qu'aucune autorité ne peut ravir à celui qui en a été doué : il n'y a que le donateur qui puisse le retirer.

Celui que l'on a bien voulu reconnaître au défenseur du sieur Andrieu, est à peu près le seul patrimoine qu'il possède, et qui, heureusement, est hors des atteintes du ministère public.

Je me suis peut être trop étendu sur un incident des débats qui leur était fort étranger: mais est-ce notre faute? est-ce nous qui l'avons soulevé? il fallait bien répondre au discours de la partie publique, et soustraction faite des déclamations et des injures, que reste-t-il ? bien peu de chose, en vérité.

Le ministère public a cru devoir reprendre l'affaire *ab ovo*, et défendre tous les chefs de plainte dont les trois principaux avaient été écartés par les premiers juges.

Ainsi l'offense envers la personne du Roi a été de rechef articulée et fondée sur le passage, *un homme franc*, etc.

Pour toute preuve nouvelle de ce délit si grave, M. le Procureur général a donné lecture de la phrase incriminée avec un ton de mépris qui à des juges moins éclairés que vous, aurait pu persuader, en effet, que ce passage était irrespectueux pour la personne de S. M.

Mais, Messieurs, en prenant ce ton de dédain affecté, les phrases les plus innocentes seraient offensives; et c'est alors que se vérifierait l'expression de cet homme d'état qui disait : *Donnez-moi quatre lignes du plus honnête homme de France, et j'y trou-*

ferai de quoi le faire pendre. Comme le dit un vieil adage dont vous excuserez la vulgarité, *c'est le ton qui fait la chanson*. D'ailleurs, le ministère public a scindé la phrase, et, chose étrange! il ne l'a pas prononcée jusqu'au point de conclusion. Mais ce qui suit explique ce qui précède; les lignes subséquentes rappellent le mot fameux *plus de hallebardes*! et peignent l'ivresse du peuple qui se *livre à la joie*.

Les expressions un homme franc *prend les rênes* de l'état ont offusqué le ministère public, et l'on ne sait vraiment à quoi l'attribuer. *Il prend les rênes de l'état;* faut-il qu'on les lui donne?

C'est parce qu'il est dans son droit, c'est parce qu'il est capable de les diriger qu'il s'en saisit. Un prince faible les laisserait prendre; un monarque puissant s'en empare en vertu du droit d'hérédité.

Rien de nouveau n'a été dit sur l'excitation à la haine ou au mépris du gouvernement du Roi.

M. le Procureur général a soutenu en principe que l'on ne pouvait accuser les ministres d'immoralité. Mais la loi dit que les actes ministériels sont soumis à la censure. Ici on introduit une distinction fort subtile entre les actes et les personnes. M. de Chateaubriant, dans sa première lettre à un pair de France, a prouvé qu'elle était vaine et illusoire, et il a cité l'exemple de l'Angleterre où la critique des actes de l'administration est personnelle, sans que la couronne en soit moins affermie sur la tête du Roi.

Dire à un ministre « vous avez corrompu », n'est-ce pas lui dire vous êtes corrupteur; et cette critique n'est-elle pas personnelle en ce sens? Il n'y a point analogie à cet égard entre un ministre responsable de ses actes, et un simple particulier qui ne répond point de sa conduite privée; mais du moment où il accepte des fonctions d'agent du pouvoir exécutif, il devient comptable de sa gestion, et on a le droit de lui dire si elle est bonne ou mauvaise.

Au dire de M. le Procureur général, il n'est point une seule ligne dans ce long article, il n'est pas un mot qui ne soit dégoûtant de fiel depuis le commencement jusqu'à la fin; aussi a-t-il fait de grands frais de rhétorique pour prouver que le délit remplissait tout le cours de l'article. Mais comme la loi veut, à peine de nullité, que les passages soient précisés, je ne le suivrai point dans cette discussion qui me conduirait trop loin.

Pour citer un exemple: c'est avec un vif sentiment de surprise que j'ai vu le ministère public s'appesantir sur le passage relatif aux Jésuites, et dans lequel il a voulu voir une injure à la classe des Jésuites. C'est la première fois qu'une pareille appellation a dû frapper vos oreilles.

Autrefois ils formaient une compagnie, mais aujourd'hui ils ne sont pas certainement une classe. Les arrêts du Parlement qui les ont banni de France, existent dans toute leur vigueur; en un mot, il n'y a point, légalement parlant, de Jésuites en France.

Quelle prévision a pu porter M. le Procureur général à entreprendre la justification de ce corps célèbre? Tout en blâmant les opinions et les actes de quelques-uns de ses membres, il a voulu dans la patrie du grand Pascal, et à la vue du mont illustré par lui, réhabiliter cette société dans l'estime publique.

Il a parlé de leurs services en Chine, au Paraguay; que sais-je enfin? Il a dit qu'ils avaient été accueillis en Prusse et en Russie, mais il a omis d'ajouter qu'ils avaient été exilés de ces deux pays, comme de l'Espagne, de la France et du Portugal, pour avoir voulu, selon une ancienne habitude, s'immiscer dans le gouvernement temporel de l'état.

Pour que rien ne manquât au panégyrique des descendans de Loyola, M. le Procureur général a ajouté que leur système d'éducation était excellent, que loin de pétrir la jeunesse à la servilité, leurs disciples se faisaient remarquer par un esprit de résistance à l'autorité, ce qui n'est pas très-flatteur pour les Jésuites, ni très-rassurant pour la société. Il est certain que Voltaire, Diderot et autres avaient été élevés par eux et n'ont pas été meilleurs chrétiens pour cela. Au surplus, M. de Montlosier a dit qu'ils avaient perdu la maison des Stuart.

Le ministère public, mécontent de la décision des premiers juges, a voulu créer un nouveau délit, et au lieu d'un outrage aux ministres de la religion, il a découvert le délit d'outrage à la religion de l'état elle-même.

Sans doute si un écrivain osait verser le ridicule sur le dogme de la religion et sur les cérémonies du culte, il serait passible des peines portées par l'art. 1er de la loi du 25 mars 1822.

Mais ici, où la religion de l'état reçoit-elle la moindre atteinte? Quel est le dogme attaqué, la cérémonie tournée en ridicule?

Rien de tout cela ne s'y trouve; et ce que nous sommes loin d'accorder, s'il y avait un délit, il ne serait autre que celui d'injure envers un ministre de la religion; délit prévu par l'art. 6 de la même loi.

Le clergé lui-même n'a-t-il pas toujours été respecté comme classe? Le ministère public nous a défié de trouver dans le *Lutrin* quelques expressions irrévérentes pour le clergé. Que dirait-on si l'on eût inséré dans *l'Ami de la Charte* deux vers semblables à ceux-ci :

> Pour soutenir tes droits que le ciel autorise,
> Abîme tout plutôt, c'est l'esprit de l'église.

Je pourrais m'étonner aussi de l'inculpation du passage relatif à l'armée, et de cette étrange assertion de M. le Procureur général qui n'a pas craint de dire que la gloire valait mieux que la raison et la liberté.

Il ne s'est pas souvenu probablement que c'est le langage que l'on tenait, il y a quinze ans, sous l'usurpation du soldat heureux, et que l'on avait cessé d'entendre depuis l'avénement des Bourbons, qui nous ont porté l'olivier d'une main et la Charte de l'autre.

Dix années de paix sont venues cicatriser toutes les plaies de la France; et c'est à la paix que nous devons incontestablement la solidité de notre crédit, la richesse du trésor et tous les genres d'améliorations agricoles et industrielles.

La guerre, qui a troublé momentanément cet état de calme, a été la meilleure de toutes, parce qu'elle a été la moins durable, grâce à la valeur disciplinée de nos troupes, et surtout au caractère conciliateur de l'auteur de l'ordonnance d'Andujar, sur qui la France se plaît à fonder tant de nobles espérances pour sa prospérité future.

Oui, Messieurs, si, comme l'a dit un écrivain, le présent est gros de l'avenir, quelle heureuse destinée ne doit point se promettre cette belle et noble France corrigée par l'adversité, qui est aussi l'école des nations comme celle des rois, de toutes les funestes illusions qui avaient pu faire obstacle à son bonheur.

L'accusation vous a peint des dangers imaginaires ; elle a, pour vous effrayer, évoqué les ombres de royales victimes qui expirèrent en pardonnant, et qui léguèrent à leurs successeurs cette devise noble, sage et politique : *Union et oubli ;* devise qui dirige la haute politique de notre révéré Monarque. Son auguste fils, en visitant les peuples auxquels le ciel le destine à commander, a partout semé ces paroles consolantes qui lui ont attiré tant de vœux et de bénédictions.

Ainsi qu'on l'a dit devant les premiers juges, l'indulgence même vous est permise, sans péril pour le trône et la dynastie ; mon client doit donc attendre avec confiance et respect l'arrêt que vous allez prononcer. »

Une vive agitation se fait remarquer dans l'auditoire.

M. le procureur se lève et s'énonce à peu près en ces termes :

« Nous n'avons pas à répondre aux injures froidement écrites, froidement calculées pendant la nuit, mais déclamées avec chaleur dans cette audience. Ce sont des phrases mal cousues, sans ordre, liées péniblement entre elles. L'article qui vous est dénoncé, nous le répétons, est un article infâme ; il n'est pas une seule ligne, pas un seul mot qui ne doive soulever l'administration de tous les hommes, à quelque parti qu'ils puissent appartenir. Il attaque la société toute entière, la personne du Roi, les ministres, l'armée, le clergé, les aristocrates, les gentilshommes : rien n'a été à l'abri de ses injures. On se plaint des reproches que nous avons adressés à Vaissière, c'est qu'il est l'éditeur de ce Journal : nous le défions de nous dire le contraire, s'il l'ose ; il est tellement l'éditeur en chef que, honteux et humilié de l'être, il a fait choix de son cousin Andrieux pour le remplacer, lorsqu'il a voulu entrer dans le corps des avocats, dont nous nous glorifions d'avoir fait partie. Ce fait est prouvé par l'interrogatoire d'Andrieux qui a déclaré n'avoir accepté cette fonction que pour obliger son cousin Vaissière. Veysset ne coopère pas à la rédaction de l'*Ami de la Charte*; son prote et ses ouvriers ne sont que des machines; c'est donc Vaissière qui est l'éditeur et l'âme de ce Journal.

On se plaint de ce que nous avons dit sur l'armée. N'est-il pas clair que l'auteur de l'article a eu pour but de jeter la division parmi ces braves qui marchaient sous les bannières de l'honneur et de la fidélité, à l'ombre du panache blanc d'un descendant de Henri IV?

On a trouvé mauvais que nous ayons dit que la gloire et l'honneur valaient mieux que la raison et la liberté. Nous avons entendu parler de cette raison et de cette liberté qu'on invoquait lorsque les échafauds fumaient encore du sang des victimes, de cette déesse de la raison qu'on promenait dans les rues, sur un char, pendant les horreurs de 93; de cette raison qui, comme nous le disions hier, est la révolte; de cette liberté qui est la licence.

On nous représente les prêtres comme des hommes dangereux. Ils sont pauvres, nous le répétons, comme les apôtres, et néanmoins on les trouve toujours prêts à soulager toutes les infortunes. Ils se privent même du nécessaire pour venir au secours des pauvres. Vous nous faites un crime d'avoir fait l'éloge des Jésuites; je n'ai dit que ce que l'histoire a rapporté: le Grand Frédéric les reçut dans ses états, et ils y sont encore; s'ils ont quitté la Russie, c'est qu'ils ont préféré habiter des climats plus doux. (1) Peut-on nier qu'ils aient rendu de grands services à l'instruction publique? Diderot, Voltaire, quoique, comme on l'a dit, ils ne fussent pas très bons chrétiens, n'en ont-ils pas parlé avec reconnaissance? N'est-ce pas d'eux qu'ils ont reçu le goût du sublime, du beau, du grand? Nous ne comprenons pas pourquoi l'on nous reproche ce que nous avons dit hier sur les Jésuites. En reconnaissant que leurs doctrines pouvaient être dangereuses comme les assujétissant à un prince étranger, nous avons ajouté que loin de façonner la jeunesse à la servilité, leurs élèves se faisaient remarquer par un esprit d'indépendance et d'hostilité envers l'autorité, et c'est l'histoire qui nous l'apprend. Malgré tout ce qu'on peut dire, les *Lettres édifiantes* seront toujours un monument en leur faveur. Et nous, pourquoi devrions-nous les accuser? Nous devons nous en rapporter à la sagesse du Monarque, et notre devoir est d'obéir.

Nous avons dit, et nous répétons, qu'on s'est joué des choses les plus saintes dans l'article relatif au clergé. Quoi! c'est lorsque le clergé se rendait au palais des Tuileries, pour y faire l'absoute et jeter l'eau bénite sur la dépouille mortelle de Louis XVIII, que l'on nous parle d'un combat de croix, de crosses et de goupillons?

Le motif de cette querelle est également controuvé. Ainsi que je l'ai dit hier, il ne connaît point les usages du Palais, celui qui vous a dit que l'archevêque de Paris et son clergé avaient les honneurs de la cérémonie funèbre, à la mort de nos rois (2). Ces honneurs appartiennent exclusivement aux grands aumôniers.

On nous reproche de n'avoir pas été mesurés dans les termes de l'accusation, mais nous ne croyons pas avoir dépassé les bornes de la modération. Notre devoir est d'accuser, et non de justifier.

On n'a pas approuvé que nous ayons rappelé les horreurs révolutionnaires, mais pourquoi nous a-t-on mis dans la nécessité d'y revenir?

L'auteur de l'article incriminé conseille au Roi de s'appuyer sur la nation; non, il ne faut pas agir par le peuple, mais pour le peuple, qui est aujourd'hui légalement représenté. On agissait par le peuple, quand le vertueux Louis XVI et son ami Malesherbes montèrent sur l'échafaud.»

M. le Procureur général arrive aux articles incriminés, et persiste à soutenir que cette expression: *un homme franc*, est despectueuse. «Sans doute, dit-il, le

---

(1) Le ministère public ne parle pas de l'ukase qui a déjà bien contribué autant que la rigueur du froid à éloigner ces bons pères d'une contrée où ils s'étaient fort bien acclimatés.

(2) Ce passage se trouve en effet consigné dans le plaidoyer du ministère public, que nous avions retenu par le même procédé que cette réplique. Nous avons été surpris de ne pas le trouver dans la plaidoirie, imprimée, de M. le Procureur-général.

Roi est sujet aux infirmités et aux besoins; mais il est plus qu'un homme, et, si on voulait le qualifier ainsi, il fallait faire précéder cette qualité de celle de Roi. Lorsque l'empereur.... (ici M. le Procureur-général s'arrête, et après un moment de réflexion, reprend ainsi) : lorsque l'usurpateur monta sur le trône, on eût pu dire : voila un homme ambitieux ! Mais on doit s'exprimer différemment à l'égard du plus grand Roi de l'Europe.

On nous reproche de nous être armé contre Vaissière, et d'avoir fait une critique amère de son plaidoyer, nous n'en avons pas parlé.... (Mouvement dans l'auditoire). Nous avons voulu désigner l'avocat qui, sans en avoir été prié, lui avait offert le secours de son ministère. »

Le ministère public déclare qu'il persiste à croire que Vaissière est l'éditeur et le rédacteur unique de l'*Ami de la Charte*. Il répète qu'un homme qui exerce le métier de folliculaire, ne peut figurer dans la noble profession du barreau. Nous avons, ajoute t-il en terminant, voulu donner un avis aux avocats de Clermont, et, si cet avis n'était pas entendu, nous avons dit et nous répétons que nous aurions recours à l'autorité supérieure. Quant aux injures qui nous ont été adressées, nous pourrions en demander réparation; mais elles ne nous ont pas atteint, nous les méprisons.

La Cour se lève et déclare renvoyer la séance au lendemain, pour la prononciation de l'arrêt.

Cet arrêt dont nous ne pouvons en ce moment faire connaître que la substance, déclare le sieur Andrieu, éditeur responsable de *l'Ami de la Charte*, coupable d'attaque à la dignité royale; d'excitation à la haine ou au mépris du gouvernement du Roi, d'une ou de plusieurs classes, et d'injures envers un ministre de la religion. La Cour, en conséquence, le condamne à trois mois de prison, 2000 francs d'amende et aux frais, ainsi qu'à l'insertion du jugement dans un des n°ˢ de son Journal.

www.ingramcontent.com/pod-product-compliance
Lightning Source LLC
Chambersburg PA
CBHW060549050426
42451CB00011B/1826